Why men don't listen & women can't read maps

Allan & Barbara Pease アラン・ピーズ＋バーバラ・ピーズ／藤井留美＝訳

話を聞かない男、地図が読めない女

男脳・女脳が「謎」を解く

Why Men Don't Listen and Women Can't Read Maps
by Allan Pease and Barbara Pease

First published in Great Britain in 1999 by Orion-PTI
This edition published in 2001 by Orion Books Ltd.
Japanese translation rights arranged with Allan Pease and Barbara Pease
c/o Darley Anderson Literary, TV & Film Agency, London
through Tuttle-Mori Agency, Inc., Tokyo

装幀　本山吉晴
装画　荒木慎司

話を聞かない男、地図が読めない女◎目次

見たままを信じる?／夜の運転は男にまかせよう／
なぜ女には「第六感」があるのか／なぜ男は女に嘘をつけないのか／
女の耳は地獄耳／女は行間を読める／
男は方向を「聞く」ことができる／それなのに男は人の話が聞けない／
男は細部が目に入らない／触れあいの魔力／女は触れあいを大事にする／
男は面の皮が厚い／人生の味わい／空中に漂うもの／
女は神秘がお好き／なぜ男は「鈍い」となじられるのか

第3章 すべては頭のなかに◎これは事実? それともフィクション?

なぜ人間はほかの動物より賢いのか／脳は縄ばりを守る／
成功の陰には脳がある／脳はいったいどうなっている?／
脳の研究／脳の分析／接続は女のほうがよい／
男は「一度にひとつずつ!」しかできない／歯みがきひとつとっても／
なぜこんなにちがうのか／胎児をプログラミングする／
男脳・女脳テスト／テスト結果について／オーバーラップ／最後に……

◎文庫版に寄せて

日本で出版された『話を聞かない男、地図が読めない女』は、あっというまに二〇〇万部近くも売れるベストセラーになりました。二〇〇〇年七月に、私たちが出版プロモーションのために日本を訪れたときも、この本の反響の大きさにびっくりしたものです。日本での大成功がきっかけとなって、この本は世界的にも注目を集め、三四カ国語に訳されて総計六〇〇万部の大ヒットになりました。そのうち四二カ国では、ベストセラーリストの第一位に輝いています。

そして今回の文庫版では、最新の研究結果や脳スキャンの画像から得た情報も新たに加えて、男と女の行動のちがいを説明しています。

私たちの本を熱心に読んでくれる日本の読者のみなさんに、心から感謝します。

アラン＆バーバラ・ピーズ

本書は、二〇〇〇年三月に主婦の友社より発行された単行本に
加筆・訂正して文庫化したものです。

「助けて！
道に迷っているのに
パパが止まってくれないの」

日曜日のドライブ

◎はじめに

よく晴れたのどかな日曜日の午後。ボブとスーは一〇代の娘たち三人を連れて、家族そろって海辺のドライブに出かけた。ハンドルを握っているのはボブ。妻のスーは助手席に座っているが、何かというとうしろを向いて、娘たちのおしゃべりに加わっている。しかしボブには、四人が好き勝手にしゃべりちらしているようにしか聞こえない。がやがやとうるさい声が切れ目なく聞こえるだけで、まったく内容がつかめないのだ。ついにボブはキレた。

「うるさいぞ、静かにしないか!」

車内は水を打ったように静まりかえる。

「どうして?」。スーが口を開いた。

「運転できないだろう!」。ボブは腹立ちまぎれに答える。

妻と娘たちは顔を見あわせ、「なんで?」とつぶやいた。

なぜボブがどなったのか、彼女たちにはわからない。自分たちのおしゃべりが、運転とどんな関係があるというのだろう。また、ボブはボブでわからないことがある。どうして女たちは、それぞれ全然ちがう話題を一方的にしゃべるばかりで、相手の話を聞こうとしないのか。

少し静かにしていてくれないと、運転に集中できやしない。ボブは思った。その証拠に、出口を見過ごして高速道路を降りそこねてしまったじゃないか。

この問題の根本的な原因は、男と女はちがうという単純な事実に尽きる。どちらが良い悪いではなく、ただちがうのである。これは科学者、人類学者、社会生物学者には常識でありながら、あえて世間には知らせてこなかった事実だ。というのも、人種や性別、年齢などで人間を差別しない、つまり「政治的に正しい（ポリティカリー・コレクト）」ことをめざす社会では、そんなことを口にするとつまはじきにされるからだ。いまの世の中では、技能や適性、能力において、男女差はないことになっている——だが、その前提が完全な誤りであることは、科学の世界では以前から知られていた。

だとすると、私たちがいままで拠りどころにしてきた考えも、大きく揺らぐことになる。男と女がもっと充実した人生を送るには、おたがいの弱点をあげつらうのではなく、性によるちがいを理解するしかない。

この本では、人間の進化について最新の研究成果を踏まえながら、そこから得られる教訓を男と女の関係に当てはめてみようと思う。ここで出される結論は偏見だと言われるかもしれないし、素直に受け入れがたいものもあるだろう。だが、男と女のあいだに起こるいろんな謎が解明され、理解を深める助けになるはずだ。ボブとスーも、ドライブに出かける前にこの本を読んでさえいれば……。

この本を書くのがたいへんだった理由

この本を書きあげるのに要した期間は三年間、移動距離はのべ四〇万キロにもなる。論文を調べ、専門家にインタビューをしたり、セミナーを開催するために、私たちはオーストラリア、ニュージーランド、シンガポール、タイ、香港、マレーシア、イギリス、アイルランド、イタリア、ギリシャ、ドイツ、オランダ、スペイン、トルコ、アメリカ合衆国、南アフリカ、ボツワナ、ジンバブエ、ザンビア、ナミビア、アンゴラなどを訪れた。その後もスイス、オーストリア、フィンランド、インドネシア、ブルガリア、サウジアラビア、ポーランド、ハンガリー、ボルネオ、ロシア、ベルギー、フランス、カナダ、そして日本を訪問している。

いちばん骨が折れたのは、官民を問わず組織の人間にインタビューして、雇用の男女差について意見を聞きだすことだった。たとえば、航空会社で活躍するパイロットのうち、女性が占める割合は一パーセントにも満たない。航空会社の幹部とこの点について話しあおうとしても、性差別や女性蔑視ととられるのを恐れて、なかなか口を開いてくれなかった。「ノーコメント」を通す人が大半で、なかには自分の名前が本に出ないよう、脅しまがいのことをする人もいた。最初は愛想が良かったのに、調査目的を知ったとたん、内容もよく知らないうちから怒りだし、フェミニズムへの攻撃だといきりたつ女性重役もいた。

この本に載せた意見のなかには、薄暗い密室で、本人や所属組織については言及しないという約束のもと、企業の重役や大学教授から「オフレコ」で聞きだしたものもある。彼らの多くは本音と建て前を使いわけていた——世の中に堂々と出せる「政治的に正しい」見解と、「引用されたら困る」ほんとうの意見である。

この本には挑発的なことが書いてあったり、衝撃的な内容があるかもしれないが、つまらないということは決してないはずだ。科学的な事実を下敷きにしながらも、できるだけ堅苦しくならないように、日常よく見聞きする会話や状況、考え方をおもしろおかしくちりばめた。この本を読んでくださるあなたが、自分自身について、そして異性について学び、いまよりもっと充実した、楽しい関係を築くことができるなら本望である。

自動車関連のある団体が、男女の車庫入れ能力を比較する調査を数カ国で行なった。その結果がレポートとして公表されると、男女差のあまりの開きに話題騒然となり、調査した団体は男女差別を助長すると非難を浴びた。結局レポートは撤回され、二度と日の目を見ることはなくなった。せっかくのビジネスチャンスなのに、もったいない話である。だが私たちはこのレポートの写しを入手することに成功した。本書でもその内容について触れているが、倫理的、法的にさしさわりがあるので、情報源を明かすことはできない。

あなたは夜中の二時に、悶々として眠れないまま、「どうしてわかってくれないの？」とパートナーを問いつめたことはないだろうか。そんな経験をしたすべての人に本書を捧げる。

男も女も、自分と同じようにふるまうことを無意識のうちに相手に期待している。だから二人の関係がおかしくなってしまうのだ。しかしこの本は、異性のことをもっと知るだけでなく、自分自身を深く理解するのにも役だつはずだ。そうすれば男も女も、幸福で健康で、調和のとれた人生を送れるにちがいない。

バーバラ＆アラン・ピーズ

偉大なる創造物の進化

第1章　同じ種なのにここまでちがう？

◎偉大なる進化の過程

男と女はちがう。どちらが優れている、劣っているということではなく、ただちがう。両者に共通しているのは、種が同じということだけ。住んでいる世界もちがえば、価値観もルールもちがう。誰もが知っている事実だが、あえて認める人は、とくに男性ではほとんどいない。しかし真実は動かしがたい。その証拠を見てみよう。

欧米諸国では、結婚した男女の約半数が離婚する。最初のうちはいくら仲が良かった夫婦でも、長続きしないで終わってしまうのだ。文化や信条、肌の色に関係なく、世界のどこでも、男と女はおたがいの意見や行動、態度、信念をめぐって言いあらそっている。

誰が見ても明らかなこと

男がトイレに行くとき、目的はおそらくひとつしかない。いっぽう女にとって、トイレは社交ラウンジであり、セラピールームでもある。おたがい見ず知らずで入った者どうしが、出てくるときは親友や生涯の友になっていたりする。でも、もし男が「おい、フランク。俺はいまからトイレに行くけど、いっしょにどうだい？」などと言ったら、たちまち噂になるにちがいない。

また、男はテレビのリモコンを独占して、コマーシャルになるとすぐチャンネルを変えたがるが、女は平気でそのまま見ている。仕事や人間関係で行きづまったとき、男は酒をあおったり、いきなり海外旅行に出かけたりするが、女はチョコレートを口に放りこんで買い物に出かける。

女は男のどんなところに不満を覚えるか。鈍感、のんき、人の話を聞かない、やさしくない、話をしてくれない、愛が足りない、二人の関係を大事にしない、触れあいは二の次でセックスばかりしたがる、上げた便座をおろさない。

では男は女のどんなところにいらいらするか。運転がへた、標識を見落とす、地図を上下さかさまにしないと読めない、方向音痴、むだなおしゃべりが多すぎる、セックスしたくても自分から誘わない、用がすんだあと便座を上げておかない。

男は探しものを見つけられないくせに、ＣＤはアルファベット順に並べる。女は車のキーがどこにあっても探しだせるくせに、目的地への最短ルートを見つけられない。男は、男のほうが分別があると思っており、女は、女のほうが分別があると確信している。

トイレットペーパーがなくなったとき、補充する男の割合は?

不明。そんな実例にお目にかかったことがないから。

女は、混雑した部屋に一歩入っただけで、そこにいる全員の印象を言える。車のガソリン切れを知らせる赤ランプが点滅していても気づかないが、そのくせ暗い部屋の片すみに汚れた靴下が転がっていたら、五〇メートル先からでもわかる。男は、バックミラーだけで縦列駐車を難なくやってのけるのに、女のGスポットを見つけられない。

ドライブしていて道に迷ったとき、女ならすぐ車を停めて道をたずねるだろう。だが男にしてみれば、それは白旗を揚げて降参するに等しい。だからそのへんをむなしく何時間でも走りまわって、「ほほう、ここを通ってもあそこに出られるのか」とか、「だいたいこのあたりなんだが」「このガソリンスタンドは見覚えがあるぞ!」などと口走る。

男と女は役割がちがう

男と女が異なる進化をしてきたのは、その必要があったからだ。男は狩りをして、女は木の実や果実を採った。男は守り、女は育てた。それを続けた結果、両者の身体と脳は、まったく別ものになった。

男女の身体は、それぞれの役割に合わせて発達していった。たいていの男は女より背が高く、力も強くなった。そして脳のほうも、役割に応じて進化していった。こうして何百万年ものあいだに、男と女の脳はちがう方向に進化していき、その結果、情報の処理のしかたまで変わってきた。いまや男と女では、考えかたはもちろん、理解のしかた、優先順位、行動、信念までことごとくちがう。

その事実に見て見ぬふりをしていると、あなたの人生は悩みと混乱が支配し、幻滅ばかりすることになるだろう。

男の脳、女の脳

一九八〇年代後半から、男女のちがい、とくに脳の働きのちがいについての研究が盛んになった。コンピュータを利用した脳のスキャン装置が登場したおかげで、脳の断面を「生きたまま」観察して、精神という広大な領域をかいまみることができるようになり、男と女のちがいをめぐる多くの疑問にも答えが出るようになった。

この本のために集めた医学や心理学、社会学の研究成果は、すべてひとつの結論を示している——それは、男と女はちがうということだ。同じ人間というだけで、すべて平等というわけにはいかないのである。こうした男女のちがいは社会が作りだすというのが、二〇世紀の考えかたの主流だった。子どもは両親や教師の考えかた、ひいては社会の態度を反映しながら育っていく。女の子はピンク色の服を着せられ、お人形を与えられるし、男の赤ちゃんはブルーの服を着て、おもちゃの兵隊やサッカーボールで遊ぶ。女の子が泣くとやさしく抱きしめて慰めてもらえるのに、男の子は背中をぽんと叩かれて泣くんじゃないと言われるだけだ。生まれたばかりの赤ん坊は真っ白なキャンバスのようなもので、育てる人間がそこに色を描いていくというのが、近年までの定説だった。

しかし生物学的な研究が進むにつれて、思考パターンの形成のしかたは、どうもそうではなさそうだということがわかってきた。私たちの態度や好み、行動を作りあげるのは、実はホルモンや脳の神経経路の働きなのである。だとすれば、社会が存在せず、親もいない無人島で育ったとしても、女の子はやはり相手に触れたり抱きしめたりするのが好きで、自然と友達の輪を広げるだろうし、男の子たちは心身両面で競いあい、グループを組織して上下関係を作りあげるだろう。

私たちの思考や行動を決めるのは、胎児期に作られる脳の配線と、ホルモンの働きである。

脳の配線と、全身を駆けめぐるホルモン。私たちがこの世に誕生するずっと前から、この二つが行動と思考を支配している。決まった状況でどう行動するかという本能は、突きつめれば遺伝子が決めているのである。

男の陰謀か?

一九六〇年代から、男女差の固定観念を打ちやぶろうとする運動が盛んになった。政治や宗教、教育のシステムは、女性を抑圧し、優秀な女性が世に出るのを妨げようとする男性側の陰謀であり、男は女を支配下に置くために妊娠させるというのが、そうした活動団体の主張だった。

たしかに歴史を振りかえってみれば、そんなふうに見えなくもない。だがひとつ疑問がある。もし男と女がまったく同質ならば、なぜ男だけが圧倒的な優位に立ち、世界を支配できたのだろう? ここでも、脳の働きを探ることで答えが出てくる。私たちは判で押したように同じではない。能力を発揮するチャンスは平等に与えられるべきだが、男と女では、本来持っている能力が完全に同じではないのだ。男女平等は政治や道徳の問題だが、同質かどうかは科学の話である。

男女平等は政治や道徳の話、男女の本質的なちがいは科学の次元である。

脳やホルモンが行動を左右するという発想に、抵抗を感じる人もいるだろう。しかも異を唱える人たちは、性差別反対という立派な看板を背負っている。しかし彼らは同等と同質の意味をはきちがえている。この二つはまったくレベルのちがう話なのだ。だからこの本では、男と女が精神的にも身体的にも根本からちがうことを、科学的見地から示していこうと思う。

古生物学、文化人類学、心理学、生物学、神経科学の各分野を代表する研究を見れば、男と女では脳にちがいがあることがまぎれもない事実だということがわかる。社会のなかにどんな憶測や偏見、疑いがあろうと、それが事実であることに変わりはない。

男と女のちがいを考察していると、かならずこう言いだす人が出てくる。「いや、これは私じゃない――私はこんなことしない！」。たしかにそうかもしれない。だが私たちが取りあげるのは、男女の平均像である。つまり多くの場合、かなりの数の男（女）がするであろう行動、あるいは実際にしてきた行動ということだ。

ひとつの部屋に適当に人を集めてざっと見わたすと、おおむね男性のほうが女性より背が高く、体格も大きい。それが「平均」ということだ。その部屋でいちばん背が高い人、あるいは体格が大きい人は女性かもしれないが、男女別のグループに分けてくらべれば、やはり男のほうが背が高いし、体格も大きいことになる。ギネスブックによれば、世界一背が高い人はまず例外なく男性だ。これまでの最高記録は、ロバート・ペシングという男性で二メートル七九センチだった。一九九八年に限れば、パキスタンのアラン・チャンナという男性が二メートル三一センチで最高だった。「のっぽのジョン」「おちびのスージー」といった話は、昔からいくらでもある。これは性差別ではなく、事実なのだ。

この本の立場

この本を読んで、だから自分はえらいんだといばる人もいれば、バカにされたと思って怒りだす人もいるだろう。そういう人は程度の差こそあれ、男女はまったく同じはずという理想主義に侵されている。

筆者である私たちの立場を、ここで明らかにしておこう。私たちは、この本を読む人が同性、異性どちらとも良好な関係を築いてほしいと願っている。どんな職業分野でも機会は平等に与えられるべきだし、同等の能力を持つ人が同じだけ仕事をすれば、報酬も同額でなければならないはずだ。

男女がちがうことは、不平等という意味ではない。平等とは、やりたいことを自由に選べるということだ。男女がかならずしも同じことをやりたがらない、それがちがいである。

男と女の関係を客観的に眺めて、これまでの歴史と、それがどんな意味や重要性を持っていたかを説明し、もっと幸福で充実した人生を実現すること、それがこの本の目的である。だから大胆な仮説を提唱するし、男女平等に配慮した「政治的に正しい」表現にもこだわらない。なぜなら、アヒルのような外見で、アヒルのような鳴きかたをする動物がいて、それがアヒルであることを示す証拠が充分に存在するなら、やはりアヒルと呼ぶ以外にないからだ。

ただしこの本で挙げた証拠は、男女は生まれつき異なる行動を「しがち」だということにすぎない。男女のどちらかが、かならず特定の行動を取る、あるいは取るべきだと決めつけるつもりは毛頭ない。

「生まれか育ちか」という議論

男女の双子の赤ちゃんが生まれたとしよう。病院で女の子はピンクの毛布に、男の子はブルーの毛布にくるまれる。親戚たちが持ってくる誕生祝いも、女の子にはやわらかくてふわふわのぬいぐるみだし、男の子にはおもちゃのサッカーボールと野球のユニフォームだ。女の子には、誰もが高くやさしい声で、何てかわいい赤ちゃんなんでしょうと話しかける。でも実際に抱きあげてあやすのは、女の人だけだ。男たちはというと、もっぱら男の赤ん坊にばかり関心を示し、お腹を指でつついたり、高い高いをしたり、大きくなったらフットボールの選手だなと頼もしげに話をする。

よく見る光景だ。しかしおとなたちのこの行動は、生まれついてのものだろうか、それとも何世代も前から受けつがれ、学習されてきたものだろうか？

二〇世紀の心理学・社会学では、人間は社会からの条件づけと、環境からの影響で好みや行動を身につけていくという考えが主流だった。たしかに、人でもサルでも、メスは実の子でなくても立派に母親役をやってのけるから、子育てはあとから学習するものだろう。そのいっぽうで、人間の行動や好みには、生物としての仕組みや化学物質、ホルモンが大きく関わっており、生まれたときすでに、脳の仕組みの大半はできあがっていると主張する科学者もいる。一九九〇年ごろを境に、この考えを裏づける証拠が続々と出てきた。

男は狩りをし、女は育てるという昔ながらの傾向は、いまも私たちの行動や信念、ものごとの優先順位を左右している。ハーバード大学が実施した調査では、赤ん坊が男か女かによって、接するおとなの態度だけでなく言葉も異なることがわかった。女の赤ちゃんには、「かわいらしいねえ」「ちっちゃな恋人さん」「すてきなリトルガール」とやさしく言うのに対して、男の赤ちゃんには大きな声で「どうした、ビッグボーイ！」「ほほう、強い子だねえ！」と言うのである。

しかし、女の子にバービーを、男の子にウルトラマンを与えたからといって、それが行動を形作るわけではない。ただ本来の性質を増長させるだけである。赤ん坊への言葉のかけかたのちがいを調べたハーバード大の研究にしても、おとなたちは、赤ん坊が生まれたときすでに持っている男女別の個性を強調しているにすぎない。アヒルを池に浮かべれば、誰に何を言われなくても進みだす。水面下では、水かきのついた足を懸命に動かしているはずだ。アヒルの脳には、「水をかくモジュール」がすでに存在しているからだ。池はたまたまそこにあっただけで、アヒルの行動の原因になっているわけではない。

どうやら男と女は生物学的に異なる生きものとして作られているらしく、社会が決まりきった役割を押しつけているわけではなさそうだ。つまり男女のちがいは、脳の回路のちがいなのである。脳の配線がちがうために、世界の認識も変わってくるし、価値観や優先順位も同じではなくなる。どちらが良い悪いではなく、ただちがうだけなのだ。

人間を知るためのガイドブック

この本は、見知らぬ国や文化を紹介するガイドブックのようなものだ。その場所でしか通用しないスラングやフレーズ、身ぶりが紹介されているし、地元の人たちのありのままの姿について解説が加えてある。

行き先についてよく知らずに旅すると、怖い思いだってするだろうし、言葉が通じないとか、食べ物が口に合わないという理由で、その土地が嫌いになったりする。異文化に楽しく接して、そこから恩恵を得ようと思ったら、まずその国の歴史、発達の過程を知らなくてはならない。次に現地の言葉を片言でもいいから使ってみたり、向こうのライフスタイルをまねてみて、文化をより深く理解していくのである。ここまでくれば、ただの観光客の域は脱している。たとえ自分の国から一歩も出なくても、ほかの国のことをそうやって理解すれば、いろいろなことが学べるはずだ。

この本には、異国ならぬ異性ともっと楽しく付きあい、おたがいに幸せになるための方法が書かれている。手はじめに、異性の歴史と発達の過程を学ぶとしよう。

事実と現実。この本が取りあげているのは、現実にいる人々、根拠の確かな研究、実際に起こったこと、記録されている会話である。樹状突起だとか、脳梁、神経ペプチド、磁気共鳴映像法、ドーパミンなどといったややこしい言葉はほとんど出てこないのでご安心を。筆者である私たちはそういう専門用語と格闘したが、実際に本を書くときはなるべく読みやすくなるよう心がけた。

主に取りあげているのは社会生物学というわりあい新しい分野の話で、これは遺伝子や進化の視点から人間の行動を説明しようという学問である。

ここで紹介する概念、テクニック、戦略のほとんどは、科学的な裏づけがちゃんとあるものばかりで、一見するとわかりきった常識的なことのように思えるかもしれない。根拠のないテクニックや意見は、本書では一切取りあげていない。

この本に登場するのは、現代に生きる裸のサルだ——巨大コンピュータを操って世界をコントロールし、火星に探査機を送りこめるくせに、遠い祖先である魚のなごりをまだしっかり持っている。何百万年もかけた進化によって、ようやくひとつの種になった私たちだが、たどりついた世界は技術最優先になってしまい、余裕を失っている。

人間社会が高度に発達して、月に行けるようになるまでに、およそ一億年の歳月を要した。だがたとえ月面でも、生理的に出すものは出さなくてはならず、その点は原始的な祖先とまったく変わっていない。国や文化ごとにちがいがあっても、ひと皮めくれば、生態に即した人間の欲求や衝動はいつの時代もみんな同じなのである。表向きの行動は千差万別かもしれないが、それは親から子へと受けつがれたものであって、根本的な文化のちがいというものは、実は存在しない。

それでは、私たちの脳がどんなふうに発達してきたか、急ぎ足で見ていこう。

なぜこんなになってしまったのか

昔々、はるか昔のこと、男と女は仲むつまじく楽しく暮らしていた。男は危険だらけで油断のならない外界に毎日出かけては、自分の生命を賭けて食べ物を手に入れる。それを女と子どもたちに食べさせ、猛獣や敵から家族を守らなくてはならなかった。こうして長い距離を自由に動きまわる感覚が発達し、動く標的を確実にしとめるために弓矢の腕もあがった。男の職務内容をひと言で表すとすれば、メシの調達係に尽きる——それが、男に期待される役回りだった。

いっぽう女は、男が家族のためにわが身を賭してくれることで、自分の価値を実感していた。男の優劣は、獲物を殺して家に持ってかえれるかどうかで決まり、その奮闘ぶりを女が認めてくれれば、男の自尊心は満たされた。メシ調達係兼保護者という職務を遂行しさえすれば、家族は男を頼りにしてくれたのだ——「二人の関係を見つめなおす」必要もなければ、ゴミを出したり、おむつ交換を手伝うことも求められなかった。

女の役割もまた明確だった。子育て係に任命されたことで進化の方向も定まり、その任務に見あった能力を発達させていった。周辺に危険はないか監視し、家の周囲の狭い範囲を動きまわる能力を磨いた。目印を頼りに道を見つけたり、わが子にかぎらず相手の行動や外見の微妙な変化に気づくのが得意になった。

女は子どもの世話をしたり、果物や野菜、木の実を集めたり、同じ群れの女たちといっしょに過ごしたりして一日を送る。食料調達の最終責任を負う必要はないし、敵と戦うこともない。家族生活をきちんと維持できるかどうかで、女の優劣は決まる。家事や子育てがじょうずだと男に認めてもらうことで、女は自尊心を満足させるのである。生命をはぐくむ秘密は女性しか持っていないので、子どもを育てる能力は神秘的なもの、神聖なものとされていた。だから動物を狩ったり、敵と戦ったり、切れた電球を交換する役目は女に期待されなかった。

こうして、生きるのがせいいっぱいで、人間関係まで手が回らなかった時代が何十万年も続いた。一日が終わると、狩人たちは獲物を持ってかえってくる。獲物は平等に分配され、同じ洞穴に暮らす仲間といっしょに食べる。女たちが集めてきた果物や野菜と交換もする。

食事を終えると、男たちはたき火のまわりに陣取って、燃えさかる炎を眺めたり、ゲームに興じたり、物語を語ったりする。いまならリモコンでテレビのチャンネルを変えたり、新聞を読みふけるようなものだ。狩猟で疲れきった男たちは、翌日に備えて休養しなければならない。女たちは子どもを世話しながら、男が空腹を満たし、ゆっくり休めるよう気を配る。ここでは、男も女もおたがいの貢献を認めている——男は寝転んでいるからといって粗大ゴミ扱いされないし、女は「私は家政婦じゃないんだから」と憤ることもない。

ボルネオ島、アフリカやインドネシアの一部、オーストラリアのアボリジニー、ニュージーランドのマオリ族、カナダやグリーンランドのイヌイットたちは、いまもこのようにシンプルな暮らしをしている。そこでは誰もが自分の役割を承知し、理解している。男は女の価値を、女は男の価値を認めていて、家族が生命を維持して栄えるために、おたがい肩代わりできない貢献をしていることがわかっている。しかし文明化された現代社会に生きる男女は、古来からのルールをどこかに置いてきてしまった——あとには混沌、とまどい、そして不満だけが残されたのである。

こんなはずじゃなかったのに

いまや家族が生きのびる責任は、男の肩だけにのしかかっているわけではない。女が家にこもって、子育てと家事に専念する時代も終わった。現代の男と女は、それぞれの役割をどう説明していいかわからなくなっている。こんな事態は、人類の歴史ではじめてだろう。私たちは、祖先が経験したことのない状況に置かれた最初の世代なのだ。現代社会では、年金や社会保障のおかげで最低限の生活は約束されている。生命の維持がさしせまった問題でなくなったいま、私たちは愛や情熱の対象として、また自分が満たされるための相手としてパートナーを見るようになった。

では、男と女はこれからどんな新しいルールで生きていけばいいのだろう？　そのルールはどこにあるのか？　この本にはその答えがある。

親世代の経験は役にたたない

あなたが一九六〇年以前の生まれなら、おそらくあなたの両親は、古代から続いてきた男女の役割分担をそのまま踏襲しているはずだ。その行動パターンはそれぞれの親から学んだものだし、その親たちも両親の姿を模倣していた。こんな具合にさかのぼっていけば、役割がはっきり分かれていた洞穴の時代に行きつく。

だが、その役割分担が消えてしまった現在、親世代の経験はまったく役にたたない。夫婦の離婚率は五〇パーセント前後だが、事実婚や同性愛カップルまで計算に入れると、破局率は七〇パーセントを超えるのではないだろうか。二一世紀という新しい時代に、精神的に満ちたりた幸せな生活を築くには、いままでとちがう新しいルールを学ぶ必要がある。

しょせん人間も動物なのだ

人間も動物だと断言されると、たいていの人は難色を示すだろう。しかし、私たちの身体の九六パーセントは、ブタやウマと同じなのである。人間にしかできないことは、ものを考えて、先の計画を立てることぐらいだ。ほかの動物は、遺伝で決まった脳の回路にしたがって反応したり、一定の行動を繰りかえすが、それはあくまで反応であって、考えた末の判断ではない。

また、どんな動物も本能を持っていて、それが行動を支配している。これに異論を唱える人はあまりいない。本能的な行動はわかりやすい。鳥はさえずり、カエルはゲコゲコ鳴き、オスのイヌは片脚をあげて小便をし、ネコは獲物に忍びよる。しかしこれらは知的行動ではないため、人間はなかなか自分たちに置きかえて考えられない。赤ん坊が最初にすること――大声で泣いて、おっぱいを吸う――が、本能によるものだということすら忘れてしまっている。

良し悪しに関係なく、祖先から受けついだ行動が子どもたちに引きつがれるという点では、人間も動物も変わらない。新しい技能を身につければ、遺伝によってそれが子どもにも伝わるはずだ。迷路をうまく通りぬけられるネズミと、迷ってしまうネズミをグループ分けして、賢いネズミの家系と愚かなネズミの家系を何世代にもわたって作ることができる。私たち人間も動物であることに変わりなく、ただ何百万年という進化によって野性的な衝動が洗練されていっただけである。そのことを承知しておけば、自分の欲求や衝動を理解するのもたやすいし、自分自身や他人をもっと楽な気持ちで受け入れられる。真の幸福に通じる道は、どうやらそこにありそうだ。

第2章　そうだったのか！

ジョンとスーがパーティ会場に着いたとき、すでに宴はたけなわだった。スーは部屋に入るとすぐ、彼の顔をじっと見て、唇をほとんど動かさずに言った。「窓辺にいるあのカップルを見てごらんなさい……」。ジョンがその方向に顔を向けるやいなや、スーの叱責が飛んだ。「いまは見ちゃだめ！　ばればれじゃないの」。ジョンの軽率なふるまいがスーには理解できないし、スーが少しもそぶりを見せずに他人を観察できることが、ジョンには信じられなかった。

この章では、男と女の感じかたのちがいと、それが二人の関係にどんな影響をおよぼしているかということを探ってみよう。

女はレーダー探知機である

女が腹を立てたり、傷ついたりしたとき、ほかの女はすぐに察知する。だが男は、目の前で女が涙をこぼしたり、かんしゃくを起こすか、怒った女に横っつらをはたかれるまで何が起こっているのかわからない。

哺乳類のメスはみんなそうだが、女は男よりはるかに精巧な感覚能力を持っている。子どもを育て、家を守る立場上、他人のごくわずかな気持ちや態度の変化に気づく必要があるのだ。俗に「女の直感」などと言うが、それは相手の様子や行動のちょっとした部分や、かすかな変化を見逃さないということなのである。昔から女の直感は、浮気をする男たちをうろたえさせ、数々の悪事をあばいてきた。

夫が何か隠しごとをしているとき、それを見破る妻の眼力は大したものだ。ただしその眼力も、バックで車庫入れをするときには、全然役にたたない。車をバックさせながら、フェンダーから車庫までの距離を測る空間能力は、右脳の前のほうがつかさどっている。女性はこの能力があまり高くない。これについては、第5章で詳しく説明する。

妻ときたら、私のコートについたブロンドの髪の毛なら、
五〇メートル離れていても目ざとく発見するのに、
車庫入れのときはかならずうしろを扉にぶつけるんだ。

女は家族が無事に生きていけるよう、子どもたちが病気でないか、お腹をすかせてい

ないか、怒ったり落ちこんだりしていないか、ちょっとした変化にも気づかなくてはならない。しかし男は洞穴にいる時間が短いために、言葉以外の合図や、対人コミュニケーションを身につける暇がなかった。

ペンシルバニア大学の神経心理学教授ルーベン・グルが、休息中の男性の脳をスキャンしてみたら、全体の七割が活動を完全に停止していた。いっぽう女性はというと、逆に九割が活動状態にあったというから、女は周囲からたえず情報を取りこみ、分析していることがわかる。自分の子どもが誰と仲がいいか、また何を考え、どんな希望や夢を抱いているか。どんな空想を描き、どんな恐怖に人しれず震えているか。何を考え、どう感じているか。そしてどんないたずらをたくらんでいるか。そういったことは、母親には何もかもお見とおしなのである。これに対して、たとえわが子であっても、何だか小さい人が自分の家に住んでいるというぐらいの意識しかないのが男だ。

ちがいは目にある

目は頭蓋骨から外に露出しているが、奥のほうで脳とつながっている。眼球の奥にある網膜では、一億三〇〇〇万個の桿状体細胞が白と黒、七〇〇〇万個の錐状体細胞がそれ以外の色に反応している。色を識別する錐状体細胞のもとはX染色体で、女性はX染色体が二本あるために、男性より錐状体のバラエティが多い。だから色を細かく描写できるのは女のほうで、男が赤、青、緑だけで表すところを、女は骨のような白、アクア、緑がかった青、藤色、アップルグリーンと表現しわける。

また人間の眼は、ほかの霊長類とちがって白眼の部分が多い。眼球を盛んに動かし、視線の方向を定めて、相手と向きあって話をする人間らしいコミュニケーションができるのも、そのおかげである。

白眼の面積は、男より女のほうが大きい。女が築く人間関係に不可欠な、近距離でのコミュニケーションには、そのほうが有利だ。というのも白眼の部分が多ければそれだけ表情も豊かになるし、相手の目の動く方向を読みとることで、多彩な信号を受けとることができるからだ。

この種のコミュニケーションは、ほかの動物には存在しない。だから白眼の部分はごくわずかしかないし、もっぱらボディランゲージで意思を通じあわせる。

女はうしろにも目がついている?

実際に目がついているわけではないが、たしかにそれに近い。女性は網膜にある状体細胞の種類が多いだけでなく、周辺視野も男より広い。左右では頭の端から少なくとも四五度外まで、上下は自分の鼻のあたりまで見られるようになっている。視野の範囲がほぼ一八〇度におよぶ女性も珍しくない。

男の場合、眼球は女より大きいし、長距離を見とおす「トンネル視」ができるような脳の作りになっている。つまり、目の延長線上にあるものなら、遠くでもはっきり正確に見ることができる。ちょうど双眼鏡をのぞいているようなものだ。

女は周辺視野が広く、男はトンネル視が得意。

狩猟者である男は、遠くにいる獲物を追跡するため、注意がそれないようもっぱら前方が見えるように進化した。だから現代の男は、はるか先にあるパブを苦もなく見つけるためだ。女の視野が広くなったのは、忍びよる捕食動物をいち早く見つけるためだ。だから現代の男は、はるか先にあるパブを苦もなく見つけられるくせに、すぐ手元にある冷蔵庫や食器棚、引き出しにあるものは探しだせない。

イギリスでは一九九七年に、四〇〇〇人近くの子どもが交通事故で死亡または負傷した。内訳は男の子が二四六〇人、女の子が一四九二人である。オーストラリアでは、男の子の犠牲者が女の子の二倍を上回る。男の子は周辺視野が狭いから、危険に気がつかないまま道路を渡ろうとして事故にあってしまうのだ。

周辺視野は、戦闘機パイロットが行なうような訓練で範囲を広げることができる。また生命の危機に直面すると、周辺視野が拡大することもある。一九九九年、オーストラリアはパースにある刑務所で暴動が発生した。囚人たちは看守のランス・ブレーメンを人質にとり、要求が通らなければ彼を殺すと言った。幸いブレーメンは助かったのだが、それまで「典型的なトンネル視」だった彼の視野は、事件後ほぼ一八〇度にまで広がった。いつ殺されるかもしれないというすさまじい恐怖が、彼の脳に変化を起こした。その結果、自分に忍びよる敵をいち早く察知できるように、視野が広くなったのだ。

なぜ女の目はいろいろ見えるのか

目の網膜が受ける光の強さは、コンピュータのデータにして一〇〇メガバイトに相当する。そんなに大量の情報を脳は一度に処理しきれないので、生きるうえで必要なものだけふるいにかけることになる。たとえば空を見あげても、認識する必要のあるもの――青い色――だけ選びだす。また脳は、カーペットに落ちた針を探すときなど、決まった対象に意識を集中させるために、視野を狭めることもできる。

狩猟を任務としている男の脳のほうが、視野を狭くするのは得意だ。家を守る女は、身のまわりの情報をできるだけ多く拾いあつめるために、広い範囲が見えるようになった。

なぜバターは消えてなくなるのか

世界中どこでも、男女のあいだではこういう会話がかわされているはずだ。男は、扉が開いた冷蔵庫の前に立っている。
夫「バターはどこだ？」
妻「冷蔵庫のなかでしょ」
夫「さっきから探してるけど、見つからないんだ」
妻「あるはずよ。一〇分前にしまったんだから」
夫「ないなあ。別なところに置いたんじゃないのかい。冷蔵庫のどこを探したって、バターはないよ！」

業を煮やした妻は勢いよくキッチンに入ると、冷蔵庫に手を突っこみ、まるで手品のようにバター入れを出す。世間知らずの男なら、これは何かのトリックだと思うだろう。あるいは、きみは何でも引き出しや食器棚にものをしまいこむんだから、と女をなじる。だが、靴下や靴、下着、ジャム、バター、自動車のキー、財布――ほんとうはみんなあるべき場所にちゃんとある。ただ男には見えないだけだ。女は視野の範囲が広いから、引き出しや食器棚にあるものをひと目で見わたせる。また、冷蔵庫のバターとジャムの場所など、規則性のない位置関係をちゃんと覚えていられるのは、エストロゲンというホルモンのおかげだ。男の場合、冷蔵庫をのぞきこむときに脳が探しているのはバターそのものではなく、「バター」と書かれた文字だという研究結果もある。顔の向きが少しでもずれていると、何も見つからない。だから男は頭をきょろきょろ動かして探さないかぎり、目的のものは目に入らず、したがって「どこを探してもない」ことになってしまう。

こうした見えかたのちがいは、日常生活にも影を落としている。損害保険会社の統計によると、交差点での横方向からの事故率は、女性ドライバーのほうが低い。周辺視野が広いので、左右から近づいてくる車に気づきやすいのだ。しかし女性は空間能力が男性にくらべて未発達なので、縦列駐車のとき車の前後をぶつけることが多い。

男は手元を見るのが得意でないことを知っておけば、女のストレスはかなり防げるはずだ。男のほうも、「食器棚にあるわ!」と女に言われたら、素直に信じて探すほうが身のためだ。

色目がばれるのはいつも男

女は周辺視野が広いので、周囲にばれないよう、さりげなく色目を使うことができる。男が色目を使ったらたいてい女になじられるが、その逆はない。ある雑誌の調査によれば、男が女の身体を見るのと同じくらい、あるいはそれ以上の勢いで、女も男の身体を品定めしているという。女は気づかれないだけだ。

見たままを信じる？

百聞は一見にしかずというが、でも自分の目はほんとうに信頼できるだろうか？ たとえばUFOの目撃例を調べた統計がある。UFOを見たという報告の九二パーセントは地方から寄せられている。時間は土曜日の午後一時——ちょうどパブが店じまいをした直後だ。一国の首相や大統領がUFOを目撃した例はないし、UFOが大学構内や政府の研究機関、ホワイトハウスに着陸した報告もない。悪天候のときもUFOはぜったい来ない。

アメリカの心理学者エドワード・ボーリングは、同じ絵を見ても人によって受けとりかたがちがうことを示すために、49ページの図1のようなイラストを考えだした。この絵を見て、毛皮のコートにあごをうずめた老女だと思うのは女性が多く、男性は左方向を見る若い女性の横顔だと思うことが多い。

見えるままがかならずしも事実ではない例として、図2を見ていただこう。図2のテーブルの長辺は、目の錯覚で手前より奥のほうが長く見えるが、実際は同じである。そう言われて、女性ならたいていい笑ってすませるが、男性は証拠を欲しがり、定規で測ろうとする。

図3はどうだろう。脳の意識はたいてい色の濃いほうに向くので、ぱっと見ただけではへんな図形が集まっているようにしか見えない。だが白いほうに意識を切りかえると、

ＦＬＹの文字が浮かびあがってくる。幾何学的な図形からなかなか離れられない男性にくらべて、女性のほうが簡単にＦＬＹの文字を見ることができる。

夜の運転は男にまかせよう

一般に暗いところで目がきくのは女のほうで、とくに赤っぽい色がよく見える。しかし男は狭い範囲なら遠くまでよく見える。しかも男は右脳の空間能力が優れており、前後を走る車の動き、自分との距離をはっきりとらえることができる。これに対して、対向車がどの車線を走っているのかわからなくなる、一種の夜盲状態を経験した女性は多い。だから長距離のドライブ旅行に出かけるときは、昼間の運転は女、夜間の運転は男がするのがよい。女は暗いところでも細部までよく見えているが、その範囲は左右に広いだけで、前後の距離は短いからだ。

長距離ドライブでは、昼間の運転は女、夜間の運転は男が担当しよう。

男の目はもともと遠くを見るようにできている。だからコンピュータの画面を見たり、新聞を読むときは、わざわざ目を調整しなくてはならないので、男のほうが目が疲れやすい。手元の作業が向いているのは女のほうで、それゆえ精密な作業を長い時間こなす

図1

図2

図3

ことができる。しかも狭い範囲での細かい運動ができるような脳の配線になっているので、針仕事をしたり、コンピュータ画面で細かい文字を読むのが苦にならない。

なぜ女には「第六感」があるのか

中世の時代、「魔力」を持っていると言われて火あぶりになるのは、たいてい女だった。予言が当たったり、相手の嘘を見ぬいたり、動物と話をしたり、隠された真実をあばいたりしたからだ。

一九七八年、私たちはテレビ番組でひとつの実験を行なった。赤ん坊のボディランゲージを女性が読みとる能力を調べるものだ。泣いている赤ん坊を映した一〇秒ほどのフィルムを何種類か用意して、産院に入院している母親たちに見せた。音は消して、視覚情報だけ届くようにした。

するとほとんどの母親は、お腹がすいている、身体のどこかが痛い、腸にガスがたまっている、くたびれたなどなど、実にさまざまな状態を見わけることができた。同じテストを父親たちにも受けてもらったが、結果は惨憺たるものだった。二種類以上の感情を当てられたのは、全体の一割に満たなかったのである——あてずっぽうでたまたま正解した者も多かったはずだ。ほとんどの父親は、自信たっぷりにこう答えた。「赤ん坊は母親を探してるんだ」。結局父親たちは、赤ん坊の泣きかたをほとんど区別することができなかった。子育てを卒業した人たちはどうかと思い、祖父母にも実験を受けてもらったところ、祖母は五〇〜七〇パーセントの確率で言いあてた。しかし祖父にいたっては、自分の孫でも、何を要求しているかわからない体たらくだった！

一卵性双生児を使った実験でも、おじいちゃんは二人の孫をなかなか区別できない。愛やお金のために双子が入れ代わる話は映画によくあるが、実際に成功するのは、女の双子が男をだますときだけだ。

また、たいていの女なら、五〇組のカップルがいる部屋に入り、一〇分間も観察すれば各カップルの関係を分析できる。あの二人はいまラブラブだ、あっちの二人はけんかをしている。誰が誰をくどこうとしているか、どの女が負けずぎらいで、どの女が感じがいいかわかるのだ。ところが男は部屋に入ると、まず入り口と出口を確認する。攻撃がどこから来るか、襲われたらどこから逃げればいいかを考えることが、脳の回路としてできあがっているからだ。次に、知った顔がいないか、敵になりそうな者がいないか全体を見わたし、部屋のレイアウトを認識する。さらに論理的な頭を働かせ、壊れた窓や切れた電球を見つけだす。そのあいだに、女は部屋にいる全員を観察しおえて、誰がどんな人物で、どんな気分でいるかを把握しているのだ。

なぜ男は女に嘘をつけないのか

一対一のコミュニケーションでは、メッセージのおよそ六〇～七〇パーセントを非言語コミュニケーションが占めているという。声色は二〇～三〇パーセント、言葉にいたってはわずか七～一〇パーセントにすぎない。こうした情報を、女は優秀な感覚装置で分析する。しかも左右の脳のあいだで情報をすばやくやりとりできるので、言葉や視覚、その他の信号を統合し、解釈するすべに長けている。

面と向かっているとき、男が女に嘘をつけないのはそのためだ。しかし女性読者ならすでにご承知の通り、女が男に嘘をつくのはさほど難しくない。男は鈍感だから、言葉やそれ以外の信号が食いちがっていても気づかない。だからセックスのとき、女が「イッた」振りをしてもばれないのだ。男が女に嘘をつこうと思ったら、表情を悟られないよう電話か手紙を使うほうが賢明だ。それがだめなら部屋の明かりを全部消すか、頭から毛布をかぶったほうがいい。

女の耳は地獄耳

女は男よりも耳が鋭く、とくに高音を聞きわけるのが得意だ。だから夜中に赤ん坊が泣きだしたとき、女の脳はすばやくそれを感知する。けれども脳がそういうふうにプログラミングされていない男は、全然気づかずに寝ている。遠くで子猫が鳴いていると、鳴き声を聞きつけるのは女だが、居場所を突きとめるのは空間能力、方向感覚に優れた男のほうだ。

真夜中、蛇口から水がぽたぽた漏れている。

女はいらいらするが、

男はどこ吹く風で眠ったまま。

女の子の赤ん坊は生後わずか一週間で、母親の声やほかの子の声を聞きわけることができる。だが男の赤ん坊は、生後一週間ではまだ無理だ。

音を分離し、種類わけして、それぞれの音に対して意思決定する能力は、女の脳のほうが長けている。だから面と向かって誰かと会話しながらも、ほかの人の話に耳をそばだてることができる。でも男は、テレビがついていたり、台所で食器を洗う音が聞こえてしまうと、会話ができない。男が電話に出るときは、話をやめろ、音楽を低くしてくれ、テレビを切れとうるさく指示を出すが、女は気にせず淡々と受話器を取りあげる。

女は行間を読める

声の大きさや高さのかすかなちがいを、女は敏感に察知する。だから相手の気持ちの変化を声からつかむことができる。音痴を男女別で見ると男のほうが八倍も多い。男を相手にけんかをしているとき、女はよく「そういう声を出さないで！」と言うが、男にはその意味が皆目わからない。

音に対する感受性は、女の赤ん坊のほうが男の赤ん坊の二倍もある。だから女の赤ん坊をあやすときは、声を一オクターブ高くして話しかけるべイビートークが効果的だ。母親もそのちがいを直観的に知っていて、女の子には子守唄を聞かせるし、男の子にはふつうの声で話しかけたり、いっしょに遊んでやることが多い。

鋭い聴力は、いわゆる「女の勘」の重要な部分を占めている。女は行間を読むのがうまいと言われるのも、このあたりに根拠がある。もっとも男は動物の立てる音を識別して、まねるのがうまい。この能力は、男の仕事が狩猟だった遠い昔にはずいぶん役にたったはずだが、残念ながら現代ではさほどありがたいものではなくなっている。

男は方向を「聞く」ことができる

音を聞きわけるのは女が得意だが、男は音の来る方向がよくわかる。男の脳は、耳に入ってきた音をどうやって頭のなかの地図に転写しているのだろう？

カリフォルニア工科大学の小西正一教授は、メンフクロウなど音の指向能力が優れた鳥類を使って、その答えを探った。フクロウに音を聞かせると、音がしたほうに顔を向ける。このとき、脳の聴覚野にある細胞群が、音の正確な位置をとらえていることがわかった。まったく同じ音を聞かせても、耳に到達する時間のほんのわずかな——二億分の一秒——ちがいで、フクロウの脳は立体的な音地図を描くことができる。この能力のおかげで、フクロウはすばやく獲物を発見したり、敵から逃げることができるのだ。男が音の方向を探るときも、これと同じ仕組みが働いている。

それなのに男は人の話が聞けない

男の子はよく先生や親から、人の話を聞きなさいと怒られる。とくに思春期に差しかかった男の子は、耳の奥にある三半規管が急速に成長をはじめるために、一時的に耳がよく聞こえない状態になるのだ。

女の子をしかるとき、その子がよそ見をしていても教師はそのままお説教を続ける。でも男の子の視線がそれたら、教師の言葉は聞こえていないか、聞いていないということだから、「人が話しているときはこっちを見なさい」と注意する。だが男の子は、聞くよりも見るほうが得意なのだ。それを実感するために、次の文章中にFがいくつあるか数えてみてほしい。

Finished files are the result of years of scientific research.

正解は五つ。黙読するだけなら男の子のほうが成績が良いが、声に出して聞かせると、女の子のほうがFの音をきちんと聞きとる。

男は細部が目に入らない

パーティからの帰り道、リンとクリスの夫婦は車を走らせていた――ハンドルを握っているのは夫のクリスで、リンはナビゲーター役を務めている。ところが、ほんとうは右に曲がらなければならないところを、リンがうっかり左と指示したために、二人は口論になった。九分間の気まずい沈黙ののちに、不安になったクリスが口を開いた。「おい……だいじょうぶかい?」。するとリンは、「ええ、何もかも順調よ!」と答えた。

彼女がそう答えたということは、順調にはほど遠いということだ。クリスはパーティでのことをあれこれ思いかえした。「パーティで僕は何かまずいことをしたかな?」。この問いに、リンは「その話はしたくないの!」と強い口調で返した。

ということは、彼女は怒っていて、パーティの話をしたがっている。だがクリスには、自分が何をしでかしたのかまったくわからない。「教えてくれよ――僕は何をした? 自分ではわからないんだ」

この手の会話で、男の言葉に嘘はない。ほんとうに何が悪いのかわからないのだ。リンは言った。「まだそんなクサい芝居を続けるつもりなの。でもいいわ、教えてあげる」。

だがクリスは、もちろん演技などしていない。それどころか、なぜリンが不機嫌なのか、まだとっかかりさえつかめない状態だ。リンは大きく息を吸って、話しはじめた。「あのふしだら女が、パーティのあいだずっとあなたにべったりで、色目使ってたでしょ。なのにあなたは、彼女を追いはらうどころか――鼻の下を伸ばしてたじゃない！」

クリスは仰天して言葉も出ない。ふしだら女って誰だ？　色目を使ってたって？　クリスは何ひとつ気づいていなかったのだ。「ふしだら女」（これは女から見た場合の表現で、男に言わせれば彼女は「色っぽい」ということになる）は、クリスと話しているあいだ、腰を突きだし、脚を見せつけていたのに。髪を払い、わざとらしく自分の太腿に手のひらをすべらせ、耳たぶを指でもてあそび、彼をじっと見つめ、ワイングラスの脚にそえた手を思わせぶりに上下させ、女子高生みたいな甘ったるいしゃべりかたまでしていた。だが男は狩人だ。地平線のかなたにいるシマウマを発見し、すばやい動きをとらえることはできても、その気になった女が声や見た目、身体の動きを駆使して目の前で繰りだすボディランゲージには無頓着なのである。だがパーティ会場にいた女たちは全員、見ていないようでいて、その「ふしだら女」の動向を観察していたはずだ。そしてテレパシーさながらの「危ない女警報」をすばやく交信していたにちがいない。もちろん、男はまったく気づいていないが。

こういうとき男は、ほんとうに知らなかったんだと弁解するだろう。おそらくそれはほんとうだ。男の脳は、細部を見聞きするようにできていないのだから。

触れあいの魔力

相手に触れる。それは生命を与えることだ。サルの赤ん坊を、ほかのサルから完全に孤立した状態で育てたら、ふさぎこみ、体調を崩して、やがて死んでしまったという報告もある。親に面倒を見てもらえない人間の子どもにも、同じことが言える。生後一〇週～六カ月の赤ん坊を対象にした興味深い研究がある。母親にしょっちゅう触れられていた子は、そうでない子より風邪をひく率が圧倒的に低く、吐いたり下痢をする回数も少なかったのだ。また神経症、うつ病の女性患者は、誰かに抱きしめてもらう回数が多く、またその時間が長い人ほど、回復が速かったという研究結果もある。

子育てと暴力の研究では第一人者である人類学者ジェームズ・プレストンは、子どもに愛情のこもった接触がなされない社会ほど、成人の暴力発生率が高いことを発見した。愛情豊かに育てられた子どものほうが、健康で幸福なおとなになることが多い。性犯罪、児童への性的いたずらに走る者は、子どものころ人から拒絶されたり、暴力をふるわれてばかりで、抱きしめられた経験が少なかった傾向がある。

人間どうしが公然と触れあうことが許されない国でも、イヌやネコといったペットをなでたりさすったりすることは許される。またペットセラピーは、うつ病をはじめとする精神疾患の治療に役だつことが立証されている。イギリス人などは、べたべたした触れあいに嫌悪を示すいっぽうで、ペットへの愛着は並みではない。オーストラリアの作家ジャーメイン・グリアは、「イギリスの男は、満員の地下鉄ですぐ隣に実の兄弟がいても、赤の他人の振りをする」と書いているくらいだ。

女は触れあいを大事にする

人間の皮膚は面積にして二平方メートルもあり、臓器のなかでは最大級だ。皮膚には、痛みを感じる受容体が二八〇万個、冷たさを感じる受容体が二〇万個、触覚や圧力を感知する受容体が五〇万個まんべんなく散らばっている。皮膚の感受性は、女のほうが高い。女の子は生まれてまもないうちから触覚をよく感じることができるし、成人してからも、触覚や圧力に関して女の皮膚は男より少なくとも一〇倍は敏感である。実験で触覚にいちばん敏感だった男の子と、いちばん鈍感だった女の子をくらべると、まだ女の子のほうが感度は上だったという結果もある。

オキシトシンという女性ホルモンは、触れられたいという欲求を起こし、触覚の受容体を活発にする。男の一〇倍も皮膚が敏感な女にとって、男、子ども、友人を抱きしめるのはとても大切なことなのだ。ボディランゲージの調査では、欧米で男どうし、女どうしの会話の様子をくらべると、後者のほうが四～六倍も身体に触れあう回数が多かった。一九九九年、カナダのケベック州にあるマギル大学で、マイケル・ミーニー率いる研究チームが行なった実験によると、親ラットがずっとついて世話をしていた赤ん坊ラットは、あまりかまってもらえなかったラットよりも脳の容積が多くなり、知能も高かったという。

女どうしの会話では、男どうしにくらべて身体接触が四〜六倍も多い。

精神病患者を対象にした実験では、男はプレッシャーを受けると、接触を避けて自分だけの世界にこもるという。ところが女性患者は、逆に異性に働きかけをはじめた。セックス目的ではなく、親密な触れあいを求めての行動だ。男に腹を立てたり、よそよそしい気持ちになったとき、女は「私に触らないで！」と言うが、男にはその真意がピンとこない。では今後、男はどうするべきだろう？　女相手にポイントを稼ぐには、正しい触れあいをもっと増やすことだ。ただし、いやらしい感じの動きは厳禁。また、子どもを健全な精神の持ち主にしたければ、たくさん抱っこしてあげよう。

男は面(つら)の皮が厚い

男の皮膚は女より厚い。だから年齢をとっても女よりしわが寄りにくい。とくに背中いた狩りに耐えられるよう準備を整える。石ころだらけの草むらを走りぬけたり、動物や敵と格闘しても痛みにひるまないためには、皮膚の感覚を鈍くする必要があるのだ。肉体作業やスポーツに集中しているとき、男はけがをしても気づかないことがある。

とはいえ、思春期に達した男の子の場合、皮膚の感受性が全部消えるわけではない。敏感な部分が一点に集中するだけだ。

反対に集中していないとき、男はからきし痛みに弱くなる。チキンスープがほしい、しぼりたてのオレンジジュースが飲みたい、湯たんぽを用意してくれ、医者を呼べ、遺言状が有効か確認してくれ！　男がこう哀願するときは、ただの鼻かぜである。また男は、女が痛がっているときや、不快なときにも鈍感だ。女が痛むお腹を抱え、四〇度の高熱にうなされて毛布を頭から抱えて震えているとき、男は「だいじょうぶかい？」と声をかけるものの、内心は「彼女もちょうどベッドに入ってることだし、セックスさせてくれないかな」などと考えているのだ。そんな男でも、フットボールなど攻撃的なスポーツを見ているときは、感受性が高くなる。ボクシングの試合をテレビで見ていて、選手がローブローを打たれたとする。女が「うわっ……痛そう」と感想をもらす横で、男はもう身体を折りまげてうめいているだろう。ほんとうに痛みを感じているからだ。

人生の味わい

味覚と嗅覚は女のほうが優れている。人間の舌にはおよそ一万個の味覚受容体があって、甘い、しょっぱいは舌先で、酸っぱいは舌の左右、苦いは奥で感じている。基本となる四つの味覚のほかに、油っぽさを感じる第五の味覚があると考える日本の研究者もいる。

しょっぱさと苦さを区別するのは男のほうが得意で、だから男はビールを好んで飲む。女は甘さや砂糖の味に敏感だから、チョコレート中毒は女のほうが断然多い。洞穴に住んでいたころは、採ってきた果物が熟れて甘くなっているか確かめないことには、安心して子どもに食べさせられなかった。甘さへの感受性が子どもの生命を守ることに直結していた時代の性質が、いまもしっかり残っているのだ。砂糖を使ったお菓子を好み、食べ物の味見をするのが女なのも当然だろう。

空中に漂うもの

女の嗅覚はもともと男より鋭いが、排卵日前後にはさらに鋭敏になる。男が発するフエロモンやムスクのような、それとわからないくらいかすかな体臭も感知できる。さらに女の脳は、においの信号を解読して男の免疫系の状態も探る。自分の弱いところを補ってくれる、もしくは自分より強い免疫系の持ち主は魅力的に見えて、「不思議な磁力で吸いよせ」られる。反対に、免疫系が弱い男には食指が動かない。

男の「魅力」は免疫系の強さにある。

研究によると、女は男に出会ってからたった三秒間で免疫系の分析を終えるという。相手の免疫系に自分にはない性質があれば、二人のあいだに生まれた子どもはいいところを受けつぎ、生きのこる確率が高くなるからだ。男性向けに売られている整髪料や香料には、女をその気にさせるフェロモン物質がかならず入っているはずだ。

女は神秘がお好き

人間は進化をするあいだに、生きのびるうえで必要な能力や感覚をたくさん身につけてきた。魔法とか神わざ、女の直感と呼ばれる不思議な現象も、一九八〇年代ごろから科学的な検証が行なわれるようになり、ほとんどの場合、女の知覚能力が優れているという理由で説明できた。

魔法を使ったかどで火あぶりにされたのは、ほとんどが女だった。しかし彼女たちは、ボディランゲージの微妙なニュアンスや、声の調子といった感覚刺激に気づきやすかっただけだ。生物学的なちがいを知らなかった男たちが、魔女呼ばわりして断罪したのだ。また女は、動物の感情や態度も鋭く読みとる。原始時代の女はこの能力を活用して、ねぐらに近づく動物が危険かどうか判断した。犬がとまどっていたり、馬が怒って蹴ろうとしているとき、女はそれを察知する。しかしたいていの男には、困っているときの犬の様子など想像もつかない。女は猫の相談にのってやることができるが、男は女の見ていないところで猫に蹴りをお見舞いする。

現代の女性たちもまた、その優れた知覚能力とうまく折りあいをつけられず、占星術や心霊術、タロット占い、数秘術などに頼って、法外な金を払っている。思春期に入ると女の子は急速におとなびていき、鋭い感覚を大いに発揮するようになる。女の子は一七歳ぐらいになると、もうおとなと同じだ。同い年の男の子は、まだプールで水泳パンツを尻に食いこませたり、おならに火をつけて遊んでいるのだが。

なぜ男は「鈍い」となじられるのか

もちろん、女の感覚がばつぐんに鋭いわけではなく、相対的に男の感覚が鈍いのである。女は高度な知覚情報が飛びかう世界に生きている。女どうしでは、おたがいの言葉や声、ボディランゲージを解釈して、相手の要求を理解することができるから、当然男にも同じことを期待する。だが残念なことに、それは無理な話である。自分が何を望み、何をしてほしいか、黙っていても男が察してくれると信じているから、思いどおりにならないとき、女は男をなじる。「ほんとに鈍感ね――わからないの！」。洋の東西を問わず、男は半べそをかきながら反論するだろう。「読心術でもやれっていうのかい？」。とにかく男は相手の気持ちを読むのがへただ。でも落胆することはない。言葉以外のメッセージや声の調子に対する感受性は、訓練しだいで向上する。

あなたの脳は、男性的だろうか、それとも女性的だろうか？　なぜあなたは、いまのあなたなのだろう？　次章のテストをやってみれば、それがわかる。

「シェリル、きみはまたしてもバターをどこかにやったな。
冷蔵庫にはひとつもないじゃないか！」

男は冷蔵庫や食器棚に入っているものを見つけられない

第3章　すべては頭のなかに

◎これは事実？　それともフィクション？

まず男と女の脳を図解してみた。アホらしいと笑われるかもしれないが、まちがいなくそこには真実が含まれている。しかもその真実は、あなたが思っている以上に多い。これから、脳の最新研究からわかった驚くべき事実を紹介しよう。

この章を読めば、あなたの目からうろこが落ちること請けあいである。さらに、最後に登場するテストをやってみれば、自分の脳の働きがよく理解できるにちがいない。

なぜ人間はほかの動物より賢いのか

69ページのイラストは、ゴリラ、ネアンデルタール人、現代人の頭蓋骨断面を並べた

男の脳

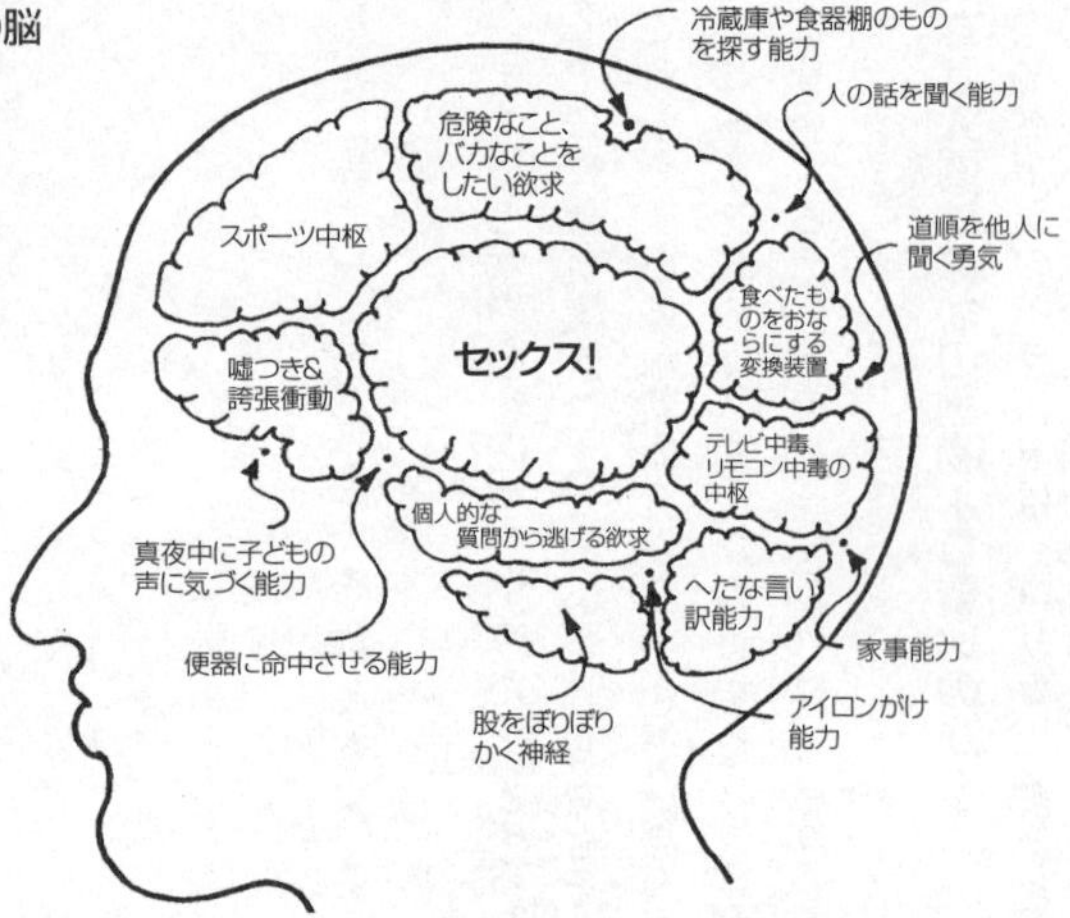
冷蔵庫や食器棚のものを探す能力
人の話を聞く能力
危険なこと、バカなことをしたい欲求
スポーツ中枢
道順を他人に聞く勇気
食べたものをおならにする変換装置
セックス!
嘘つき&誇張衝動
テレビ中毒、リモコン中毒の中枢
個人的な質問から逃げる欲求
真夜中に子どもの声に気づく能力
へたな言い訳能力
家事能力
便器に命中させる能力
アイロンがけ能力
股をぼりぼりかく神経

女の脳

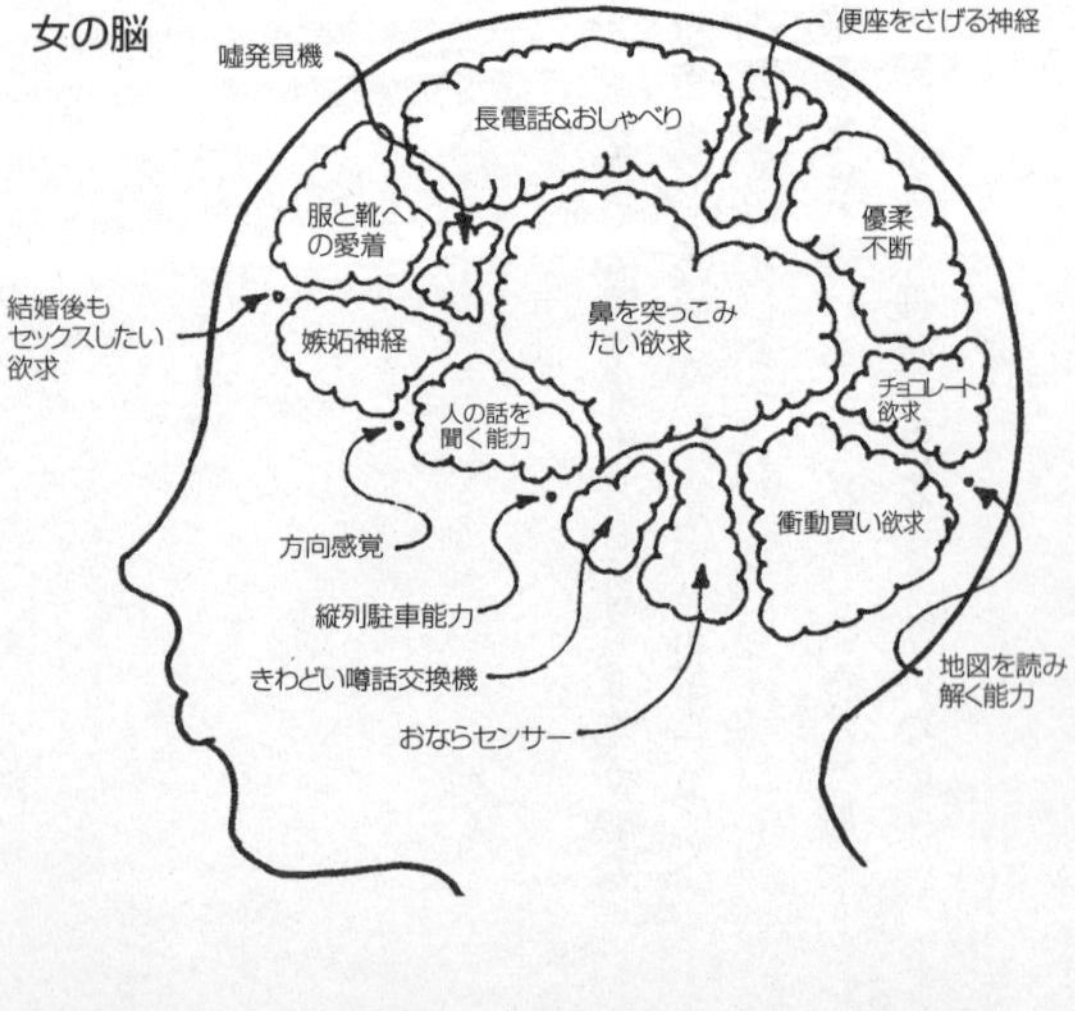
便座をさげる神経
嘘発見機
長電話&おしゃべり
服と靴への愛着
優柔不断
結婚後もセックスしたい欲求
嫉妬神経
鼻を突っこみたい欲求
チョコレート欲求
人の話を聞く能力
方向感覚
衝動買い欲求
縦列駐車能力
きわどい噂話交換機
地図を読み解く能力
おならセンサー

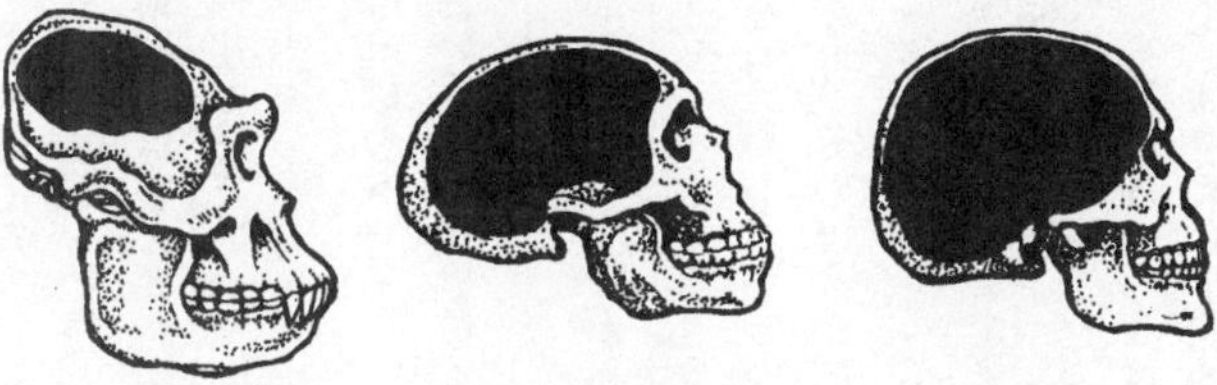

ものだが、ちがいは一目瞭然だ。私たちの脳は、ゴリラの三倍以上、遠い祖先とくらべても一・三倍は大きい。出土した化石からは、人類の脳は五万年前からいまと大きさも働きもほとんど変わっていなかったことがわかる。また、額から頭頂部にかけて前に突きだしているのも、霊長類や祖先にはない特徴だ。ここにある前頭葉は、考える、地図を読む、言葉を話すといった人間にしかない能力をつかさどっている。人間がほかの動物と一線を画しているのは、ここなのである。

同じ人間でも、男と女の脳はその強さも、才能、能力も別の方向に進化していった。狩猟を担当することになった男は、長距離移動に向いた脳が必要で、さらに仲間を組織して狩猟集団を作ったり、ねらった獲物を確実にしとめる技術も磨かなくてはならなかった。いっぽう会話をじょうずにこなしたり、相手の感情を察したりする必要はなかったから、脳のなかで人付きあいを担当する部分は発達しなかった。

これに対して女には、短距離を移動するための適性が不可欠だった。周辺視野を左右に広げて状況を監視したり、いくつもの作業を同時にこなしたり、コミュニケーション技術を伸ばす必要があった。こうして男と女の脳は、それぞれに求められる能力の部分を進化させていったのである。

脳は縄ばりを守る

「古い癖ほど抜けにくい」という言いまわしがある。同じことを科学者が言いかえれば「遺伝記憶は生きている」ということになる。遺伝記憶とは、人間が見せる本能行動の一部である。洞穴から外をうかがいながら、縄ばりを守り、次々と降りかかる課題を解決してきた何万年もの歳月が、人間の脳に痕跡を残していないはずがない。

たとえばレストランで、たいていの男は壁を背にして、入り口が見わたせる席に座りたがる。そのほうが店内の様子に注意を働かせることができるし、背後から突然襲われることもないから、安心なのである。もっとも現代では、不意打ちを食らわす敵といっても、目玉が飛びでそうな勘定書きぐらいのものだが。では女はというと、空間に背中を向けても気にしない。ただし幼い子どもを連れていれば話は別で、そういうときは壁ぎわの席に座ろうとする。

家に帰っても本能的な行動は続く。男は扉に近いほうのベッドで寝ようとする——洞穴の入り口を守ろうとしているのだ。新しい家に引っ越したとき、あるいはホテルに泊まるとき、たまたま奥のベッドに寝ることになった男は、理由もわからないまま不安に駆られ、なかなか寝つけない。扉近くのベッドに移らないと、安眠は訪れないのである。

初夜に扉寄りのベッドに寝るのは、いつでも逃げだせるためさ。

男はそんな冗談を言うが、ほんとうは防衛本能なのだ。

男が留守のときは、女が警備役を引きうけて男の側のベッドに寝たりする。夜中に赤ん坊の泣き声のような甲高い音がすると、女はどんなに深く眠っていても目がさめる。横の男はぐうぐう寝ているから、女は腹立たしく思ったりする。しかし男は、動きにともなう音には敏感だ。窓の外で小枝が折れたかすかな音にも気づいて、すかさず攻撃に備えようとする。逆にこういうとき、女は眠ったままだ。ただし男が留守のときは、代わりを務めようとするのか、安住の場所をおびやかす音や動きに反応するようになる。

成功の陰には脳がある

ギリシャの哲学者アリストテレスは、思考の中心は心臓にあり、脳は身体を冷やすためにあると考えていた。その証拠に気持ちを言いあらわすとき、心が引きあいに出されることがとても多い。いまとなってはおかしな発想かもしれないが、一九世紀後半まで、科学者たちもアリストテレスの考えに賛成していた。

一九六二年、神経生物学者ロジャー・スペリーは、大脳皮質の働きが左右でちがうことを突きとめ、ノーベル生理学医学賞を受賞した。創造的な脳とも言うべき右半球は左半身を担当していて、また左半球は右半身の面倒を見るほかにも、論理、推理、発話をつかさどる。言語や語彙を蓄積しておくのは、とくに男では左脳のほうで、視覚情報をためたり、管理するのは右脳の仕事だ。

家を守り、食べ物を集めるのが役目である女にとって、左右両方の手を同じように使えれば、能率も二倍になる。そのため女の脳には、右と左を区別するための特定の領域がない——左右を区別する必要がなかったからだ。だから両手ききは、男より女のほうが断然多い。そうかと思うと、まちがった方向を教えてしまって、「右と左もわからないのか!」と怒られるのも圧倒的に女のほうだ。いくら怒られても、「はい、その通りです」としか答えようがない。右ききかどうかは、獲物を仕留めるときには重要かもしれないが、手早く食べ物を集めるときにはたいした問題ではないのである。

左ききの人は、クリエイティブな右脳のほうがよく発達する。だから芸術関係の天才たちには左ききがとても多い。アルバート・アインシュタイン、レオナルド・ダ・ヴィンチ、ピカソ、ルイス・キャロル、グレタ・ガルボ、ロバート・デ・ニーロ、ポール・

マッカートニーはみんな左ききだ。世間の人の九割は右ききで、左ききを男女で分けると女のほうが多い。大部分の男は右手、右腕を使うのは得意だが、左はそうでもない。すばやく動く獲物を正確に狙い撃ちしたり、前からの攻撃に対して身を守るには、右腕が思いのままになることが重要だ。男が攻撃をしかけるとき、最初の一撃はまずまちがいなく右からのオーバーアーム・ブローになるはずだ。

女の知能は男より三%ほど高い。

一九六〇年代まで、脳の研究は戦死した兵士からデータを集めるのが主流だった――材料が手に入りやすかったからだ。ただしこのやりかたには問題があって、対象が男に限られてしまう。そのため当時は、女の脳も男と同じはずだというのが、研究を進めるうえでの暗黙の了解だった。

しかし今日では、男と女では脳の働きがまるでちがうことがわかっている。男女間に起こる問題の大半は、そこに由来しているのだ。女の脳は男よりわずかに小さいが、性能そのものにこれといったちがいはない。一九九七年、デンマークのコペンハーゲン市民病院神経科に所属するベルテ・パッケンベルグは、脳細胞の数は男のほうが四〇億個ほど多いにもかかわらず、知能テストでは女のほうが約三%高い成績をおさめたと発表した。

女のほうが男より賢いに決まってるでしょ。なにしろ友達からして格が違うんだから——女の親友はダイヤモンドだけど、男の親友なんて犬ころじゃないの。

ジョーン・リヴァーズ（アメリカの女性コメディアン）

脳はいったいどうなっている？

左右の脳が担っている働きを簡単に言うと、次のようになる。

脳の研究は日進月歩であり、その研究結果の解釈もいろいろ分かれるが、研究者、科学者のあいだで合意ができていることもある。

脳の電気活動を把握する磁気共鳴映像法（ＭＲＩ）を用いれば、脳のどこでどんな仕事が行なわれているかは、正確に知ることができる。脳のスキャン画像で明るく光っているところがあれば、その場所を使う技能や作業が得意だったり、楽しいということだ。

たとえば男の脳をスキャンで見ると、脳のなかで方向を感じとる部分が光って見える。つまり方向をあれこれ探ったり、見当をつける作業が好きということだ。女のほうは、発話領域が画像にはっきり現れる——女は話すことが得意で苦にならないので、その適性をいかせるセラピーやカウンセリング、教師といった職業に魅力を感じる。逆にスキャン画像でぼんやりとしか写らないところは、そこに関係する技能は得意でないし、やってても楽しくないということだ。だから女のナビゲーターを見つけるのは難しいし、男のカウンセラーや外国語教師も少ない。

脳の研究

男女の脳のちがいが科学的な調査の対象になったのは、記録に残っているところでは一八八二年、ロンドン博物館でフランシス・ガットンが行なったものが最初である。

このときの実験では、男は女にくらべて「明るい」音、つまりピッチが高く鋭い音によく反応し、握力が強く、痛みには鈍いことがわかった。同じころアメリカでも似たような実験が行なわれている。そこでは、男は青色より赤色を好み、言葉の使いかたがうまく、家庭内のもろもろの技術的問題を解決するのが得意、いっぽう女は聴覚が鋭く、男より使う単語の数が多く、個々の課題や問題に取りくむのがうまいという結果が出た。

脳のなかで特定の働きをする部分を見つけだす試みは、まず頭をけがした患者を対象にはじまった。男性が脳の左側に損傷を受けると、発話能力や語彙のほとんどが失われるのに対し、女性は同じ部分を同じくらい負傷しても影響が小さい。つまり女性は、発話をつかさどる部分がひとつではないということだ。

言葉を完全に失ったり、言語障害を起こす確率は、男のほうが三～四倍も高く、言語能力が回復する可能性も低い。頭の左側をけがした男は、それきり口がきけなくなることが多いが、女は同じ場所を負傷しても、おしゃべりを続けるにちがいない。

頭の右側に損傷を受けた男は、空間能力のほとんどを失う。つまり三次元でものを考えたり、頭のなかに思いうかべた物体を回転させて、ちがう角度から見た様子を想像することができなくなる。家の設計図も、女の脳が見るとひらべったい二次元でしかないが、男は高さまで把握できるので、どんな建物ができあがるか想像がつく。女はそういう空間能力がもともと発達していないので、右脳をけがしてもあまり変わらない。

カナダのオンタリオ大学で心理学を研究しているドリーン・キムラ教授によると、男は脳の左半球を損傷するだけで発話障害になるが、女は左右両方の前頭葉に傷がつかないと障害は起こらない。発話障害のひとつである吃音も男が多く、吃音児向けの話しかた教室は男の子の数が女の子の三~四倍になる。つまり男は、発話とか会話といったことに関して、生まれつき能力に限界があるのだ。もちろん、女にはいまさら聞くまでもない事実だろう。男の言葉足らず、会話不足にいらだって、女が頭をかきむしりたくなる例は、昔からいくらでもあるからだ。

脳の分析

一九九〇年代に入ってから脳のスキャン技術は飛躍的に進歩し、陽電子放射断層撮影法（PET）や、磁気共鳴映像法（MRI）を使えば、生きている脳の様子まで画面で見られるようになった。ワシントン大学スクール・オブ・メディシンのマーカス・ライクスは、脳の代謝を測定することで、脳の各部分が具体的にどんな役割をはたしているか明らかにした。

また一九九五年には、イェール大学のベネット、サリー・シャイウィッツ両博士が率いる研究チームが、韻を踏むときに脳のどこが使われるかを調べる実験を行なった。MRIで血流のわずかなちがいを測定したところ、言葉を話すとき、男はもっぱら左脳を、女は左右両方を使っていることがわかった。九〇年代に実施されたほかの研究でも、同じ結論が出た。男と女では、脳の働きがちがうのである。

男と女は脳の働きがちがうそうですよ。

男「ふむ。このあいだ似たような話をインターネットで読んだな」

女「そんなの当たり前じゃない。だから？」

また女の子の左脳は、男の子より成長が速い。だからあとから生まれた妹も、兄さんより早く、じょうずに話せるようになる。女の子は字を覚えたり、外国語を習得するのも速い。言葉が遅かったり、うまく話せなくて専門家のところに連れてこられるのは、男の子のほうが多い。

しかし右脳に関しては、男の子のほうが成長が速く、空間能力、論理や知覚能力が発達していく。だから男の子は算数やパズルが得意だし、ものを組みたてたり、問題を解決するのが好きで、そういう技術は女の子より早く身につける。

男女のちがいは最小限しかないとか、ちがいを強調するのはおかしいと主張するのが、昨今のはやりだ。だが事実はその主張を支えてくれない。反対に、男と女では脳の配線がちがうという証拠、異なる進化の道すじをたどり、独自の能力や傾向を持つようになったという証拠なら、山ほどある――それでも私たちの社会は、男と女は同じだと言いはっているのだ。

接続は女のほうがよい

左半球と右半球は、脳梁と呼ばれる神経繊維の束でつながっていて、これを経由して左右の脳は連絡をとりあい、情報を交換している。

それはちょうど、ケーブルでつないだ二台のコンピュータを、肩に一台ずつのせているようなものだ。脳梁はケーブルの役目をはたしている。

カリフォルニア大学ロサンゼルス校で神経学を研究しているロジャー・ゴルスキーは、女のほうが脳梁が太く、左右の連絡が一・三倍もよいことを確認した。同じ作業をしているときでも、男と女では使っている脳の部分が異なることもわかっている。

さらに、女性ホルモンであるエストロゲンは神経細胞に働きかけ、左右半球の接続をよくすることも明らかになった。左右の連絡がよいほど、話しぶりはなめらかになる。関連のない作業を同時にいくつもこなせて、直感が鋭いという女の特徴も、これで説明できる。

男は「一度にひとつずつ！」しかできない

男の脳は専門分野ごとにはっきり区分けされている。一度にひとつの仕事しか集中できないように、脳ができているわけで、この事実を裏切る研究結果はない。「一度にひとつずつ」なので、通りの標識を読むために車を停止させたら、まず何をするかというと、ラジオのスイッチを切るのである。

女にはそれが理解できない。おしゃべりしたり、ラジオを聞いたりしながらでも、標識を読むぐらいできるのに、どうして？　なぜ電話のベルが鳴るたびに、テレビの音量を落とせと言うわけ？「彼が新聞を読んでいたり、テレビを見ているときは、私が何を言っても聞いてないのよね」というぐちは、女なら一度はこぼす。男の脳は左右の連絡が悪く、しかも用途ごとに細かく区分けされているので、一度にひとつのことしかできないのだ。本を読んでいるときの男の脳をスキャンしてみれば、必要なところ以外はほとんど死んだようになっていることがわかる。

女の脳は、同時にいくつもの作業がこなせるようにできている。だからたがいに関連のない仕事を一度にやれるし、脳はいつも活動していて休むことがない。電話でおしゃべりしながら、レシピ片手に料理を作り、なおかつテレビも見ることができる。ラジオをつけたまま自動車を運転し、化粧をしながら電話のハンズフリー機能を使って会話することだってお手のものだ。これが男なら、料理を作っている最中に声をかけると怒りだすだろう。レシピを読みながら、同時に話を聞くことができないからだ。肝心なときに話しかけるから、高速道路を降りそこねたじゃないかと男になじられた女はけっこういるはずだ。ある女性は、夫に腹が立ったときは、ハンマーで釘を打っているときにわざとしゃべりかけてやるのだと言った。

女は脳の両方をいつも使っているので、右と左がすぐには区別できないことが多い。およそ半数の女は、指輪やしわといった目印がないと右手、左手を即座に認識できない。これに対して男の脳は左右のいずれかしか働いていないので、すぐ区別がつく。右に曲がるべきところをまちがえて左と指示してしまい、男に怒られるのはいつも女なのだ。

歯みがきひとつとっても

たいていの女は、歯をみがきながら歩きまわったり、しゃべったりできる。歯ブラシを上下に動かすと同時に、もういっぽうの手で丸テーブルを拭くことも可能だ。だがこれは、男にはかなり難しい芸当である。

男は歯ブラシを動かすというひとつのことしかできない。洗面台の前で、両足のあいだを三〇センチ開いてしっかり立ち、上体を前かがみにして、頭を前後に揺らしながらひたすら歯をみがく。このとき水は流しっぱなしだ。

なぜこんなにちがうのか

いくら同じように育てているつもりでも、男の子と女の子の考えかたに大きな隔たりができることは、科学が証明している。神経学者や脳の研究者はこぞって、その原因はホルモンにあると断言する。

あなたのいまある姿は、ホルモンのなせるわざだ。人間はみんな化学作用の結果なのである。

生まれたての赤ん坊の精神は空っぽで、親や教師、環境がその子の態度を形作り、生きかたを選択させるというのが、二〇世紀後半までの考えかただった。しかし最新の研究では、受胎後六〜八週間から、すでに人間の精神はコンピュータのように配線がはじまっているという。コンピュータを動かすのに不可欠な「オペレーティングシステム」はもちろんのこと、いくつかの「ソフトウェア」もこの時期にインストールされる。つまりハードウェアとソフトウェアがひと通り揃った、プレインストールマシンとしてこの世に誕生するのである。

オペレーティングシステムとその回路に関しては、変更の余地はほとんどない。環境や教師はあとからデータを追加して、互換プログラムを動かすだけである。しかも操作マニュアルはないに等しい。

将来どんな道を選び、性的にどんな指向を持つかは、生まれたときもう決まっている。人間を形成するのは生まれか、育ちかという議論は決着がついていて、生まれついての資質が大きな部分を占めている。「育ち」が関係してくるのは学習行動と呼ばれる領域で、たとえば育ての母でも、生みの母と同じようにちゃんと子育てができるのは、子育てがあとから学習する行動だからだ。

胎児をプログラミングする

人間の染色体はほとんどの場合四六本だ。染色体は遺伝を構成する単位、あるいはどんな人間になるかという青写真と言ってもいいだろう。染色体は父と母から半分ずつもらうわけだが、母親の二三番目の染色体がX（形がXに似ている）で、父親もXだったら、子どもはXX、つまり女の子になる。父親の二三番目の染色体がYであれば、XYで男の子が生まれる。人体や脳は、すべて女が出発点になっている。だから男にも、乳首や乳腺といった女の特徴が残っている。

科学の世界では、はじめにイブありきだった!

受精してから六〜八週間の胎児は性別がはっきりしておらず、性器は男女どちらにも発達する可能性がある。

社会科学のパイオニアであるドイツのギュンター・デルナー博士は、受精後六〜八週間で性的なアイデンティティが決まるという説を最初に提唱した人物だ。XY染色体を持つ胎児は、テストステロンをはじめとする男性ホルモンを大量に分泌する。精巣が形成され、男らしい特徴や行動が出るように脳が配線されていく。こうして、遠くまでよく見える目や空間能力など、ものを投げたり、狩りをしたり、獲物を追いかけるのに適した身体になるのだ。

XY染色体を持つ胎児が、男性性器を発達させるのに必要な男性ホルモンの量を1、男としての脳を作るのに必要な量を3としよう。理由はあとで説明するが、場合によってはホルモンが不足して、ほんとうは全部で4欲しいところなのに3しかないことがある。そのうち1は性器に使われるが、脳には2しか行かないため、足りない分は女の脳のままだ。この場合、女らしい思考パターンや能力を備えた男の子が生まれる。男性ホルモンが2しか出なければ、脳には1しか行かないから、肉体は男でも、脳の構造や思考はほとんど女という人間になる。思春期を迎えるころには、その子はホモセクシャルになっているだろう。詳しくは第8章でとりあげる。

胎児の染色体がXXの場合、男性ホルモンが分泌されなければ女性性器が発達する。脳も女性ホルモンに応じて形成され、言葉や身ぶりによるメッセージを理解したり、家を守ろうとする能力を身につける。こうして生まれてきた赤ん坊は、見た目も中身も女の子そのものだ。しかし胎児期に何らかの事故で男性ホルモンを大量に浴びてしまうと、男っぽい脳の女の子になることがある。これについても第8章で説明する。

肉体上は男でも、大なり小なり女っぽい脳を持っている人は全体の一五~二〇パーセント存在すると考えられ、その多くはゲイになる。

男の一五~二〇パーセントは女っぽい脳を持っていて、
女の約一〇パーセントは男っぽい脳の持ち主だ。

あなたの脳の配線が男女どちら寄りかを調べる簡単なテストがある。イギリスの遺伝学者アン・モアが、脳のセクシャリティに関する研究結果を参考に質問を考え、配点したものだ。正解を出すテストではなく、あなたがふだん考えたり、決定を下したりする背景を知る手がかりになる。設問にすべて答えたら、得点を計算してみよう。身近な人にもテストを受けてもらえば、新しい発見があるかもしれない。

●男脳・女脳テスト●

これは、脳のパターンが男っぽいか、女っぽいかを調べるテストである。受胎後6～8週間のあなたが、男性ホルモンと女性ホルモンのどちらを多く浴びていたかを探るもので、正解、不正解があるわけではない。しかしその傾向は、あなたの価値観や行動、生きかた、方向性、選択に大きな影を落としているはずだ。

自分にいちばん当てはまると思う記号を○で囲んでください。

(1) 地図や市街図を見るとき
　a なかなか理解できなくて、結局は誰かに聞いてしまう。
　b そんなものは見ないで、自分の行きたい道を行く。
　c 地図も市街図も、苦もなく読むことができる。

(2) ラジオの鳴っている台所で、手のこんだ料理を作っている。そこに友人から電話がかかってきた。
　a 友人と電話で話しながら、料理を続ける。もちろんラジオもそのまま。
　b ラジオを消して、友人と話しながら料理を続ける。
　c 料理が終わったらかけ直すからと言って電話を切る。

(3) あなたの家をはじめて訪れる友人に、行きかたを聞かれたら……
　a わかりやすい地図を描いて送る。
　あるいは誰かほかの人に説明してもらう。
　b そこから何が見えるかたずね、それを手がかりに道順を説明する。
　c 行きかたを言葉で説明する。「高速にのって、ニューキャッスルで降りたら左に曲がって、二番目の信号を……」

(4) 考えや概念を説明するとき、あなたがよくやるのは……
　a ペンと紙を使い、身ぶりをまじえて説明する。
　b 身ぶり手ぶりをまじえながら、言葉で説明する。
　c 明快でわかりやすい言葉を使って説明する。

(5) 映画を見てすごく感動した。家に帰ったあなたは……

a その映画の場面を思いうかべる。
b 感動した場面やせりふについて語る。
c その映画の評判をもっぱら引用する。

(6) 映画館で座る場所は

a スクリーンに向かって右側。
b どこでもかまわない。
c スクリーンに向かって左側。

(7) 友人の持っている機械がうまく動かない。あなたは……

a 同情して友人がどんな気持ちかということを話題にする。
b 直せそうな人を教えてあげる。
c 仕組みを探り、自分で直そうとする。

(8) はじめての場所で、北の方角はどっちですかとたずねられた。あなたは……

a わからないと正直に言う。
b ちょっと考えて、適当に答える。
c 確信を持って北の方角を指す。

(9) 駐車スペースが見つかったのはいいが、バックでないと入りそうにない。あなたは……

a ほかの場所を探す。
b 慎重に車を入れる。
c 苦もなく車を入れる。

(10) テレビを見ているとき、電話が鳴った。あなたは……

a テレビはそのままにして電話に出る。
b テレビの音量を下げて電話に出る。
c テレビを消し、ほかの者に静かにするように言ってから電話に出る。

⑾ 好きなアーティストの新曲をはじめて聞いた。あなたは……
 a どんな曲でも、全部または一部分を思いだして歌うことができる。
 b 難しい曲でなければ、一部分を思いだして歌うことができる。
 c メロディはなかなか覚えられないが、歌詞の一部なら思いだせる。
⑿ 予想が当たるのは、もっぱら
 a 直感に頼ったとき。
 b 手に入る情報と、「本能的な」感覚にもとづいて判断したとき。
 c 事実、統計、データを参考にしたとき。
⒀ 鍵をどこに置いたかわからなくなった。そのときあなたは……
 a 自然に思いだすまで別のことをする。
 b 別のことをしているが、そのあいだも懸命に思いだそうとする。
 c 自分の足どりを思いおこして、どこに置いたか突きとめようとする。
⒁ ホテルの部屋で、遠くからサイレンが聞こえてきた。
 a 音がどっちから聞こえるかまったくわからない。
 b 神経を集中させて聞けば、だいたいの方角がわかる。
 c 音がどの方向から聞こえるか即座にわかる。
⒂ ある集まりで、初対面の人を7〜8人紹介された。
翌日あなたは……
 a 全員の顔をはっきり思いだせる。
 b 何人かは思いだせる。
 c 顔より名前のほうをよく覚えている。

⒃ **休みの日。あなたは高原に行きたいが、パートナーは海辺のリゾート地を希望している。高原のほうが断然いいと相手に納得してもらうためにはどうする？**
　a 猫なで声で自分の心情を訴える。高原に行けば自分も子どもたちも楽しく過ごせて、家族みんなが満足すると言う。
　b 今回は高原にしてくれたら恩に着る、次はぜったい海にするからと言う。
　c 有利な事実を持ちだす。高原のほうが近いし、安いし、スポーツやレジャーを楽しむ設備も整っていると主張する。

⒄ **今日何をするか考えるとき、あなたは……**
　a 片づけなければならない用事がひと目でわかるよう、一覧にする。
　b やるべきことについて考える。
　c 今日会う人、行く場所、やることを思いえがく。

⒅ **友人が悩みを相談しにやってきた。あなたは……**
　a 同情と理解を示す。
　b 悩みというものは本人が思っているほど深刻ではない、なぜなら……と説明する。
　c 問題解決のための合理的な提案とアドバイスをする。

⒆ **友人どうしがひそかに不倫しているようだ。あなたは……**
　a かなり早い段階で感づく。
　b 途中で気がつく。
　c たぶん知らないままだろう。

⒇ **あなたにとって人生とは結局どういうもの？**
　a 友人をたくさん作って、みんなと仲良くやっていくこと。
　b 周囲の人たちとうまくやりながら、個人としての自立は守ること。
　c 有意義な目標を実現し、周囲の尊敬をかちとり、名声を手にして出世すること。

⑵ あなたにとって望ましい仕事のしかたは
a メンバーが適宜入れかわるチームで働くこと。
b みんなと同じ場所で、ただし自分だけのスペースは確保して仕事すること。
c ひとりでやる。

⑵ 好きな本のジャンルは
a 小説などのフィクション。
b 新聞や雑誌。
c 自伝などのノンフィクション。

⑶ あなたの買い物のしかたは
a 衝動のおもむくままで、とりわけ「お買い得」という言葉に弱い。
b だいたいの計画は立てるが、あとは成りゆきまかせ。
c 表示を念入りに読み、値段をくらべる。

⑷ 寝起きや食事は
a 好きな時間にする。
b だいたいの時間は決まっているが、ずれることも多い。
c 毎日ほぼ決まった時間である。

⑸ 転職してまもないとき、新しい同僚のひとりから自宅に電話がかかってきた。あなたは……
a 相手がすぐにわかる。
b しばらく話していると誰かわかる。
c 声だけでは誰かわからない。

⑹ 口論しているとき、いちばんむかつく態度は？
a 相手の沈黙、あるいは無反応。
b あなたの考えかたを理解してもらえないこと。
c 挑戦的な、あるいは鋭い質問やコメント。

⑺ 学校の漢字テストや作文の課題は……
a 楽々とこなしていた。
b どちらかだけ点が良かった。
c どっちも苦手だった。

(28) ダンスやジャズダンスをするとき……
　a ステップを覚えないと音楽に「のれ」ない。
　b 身体を動かすことはできるが、まわりの人と合わない。
　c リズムについていけない。
(29) 動物の声や音を聞きわけたり、まねたりするのは……
　a かなり得意。
　b けっこうできる。
　c まあまあ。
(30) さんざんな目にあった日は、どうしたくなる？
　a 友人や家族にその日のことをぶちまける。
　b ほかの人がどんな日を過ごしたか聞く。
　c 新聞を読んでテレビを見る。話はしない。

● 得点の計算方法 ●

a、b、cがいくつあったか数えて、下の式に当てはめて得点を出す。

男性	
aの数×	10点＝
bの数×	5点＝
cの数×マイナス5点＝	
	合計＝

女性	
aの数×	15点＝
bの数×	5点＝
cの数×マイナス5点＝	
	合計＝

自分に当てはまらない設問、回答しなかった設問は一律5点とする。

※最新の研究資料と著者の長年の研究から「男脳・女脳」の違いを鮮明にするために、単行本（2000年刊）とは一部計算方法が違います。
※このテストの結果はあくまでも目安であり、日常生活に影響を与えることはありません。

テスト結果について

男のほとんどは0〜180点、女は150〜300点の範囲に入るはずだ。脳が男っぽい配線になっている人はおおむね150点より低い。「男脳」度が高い人ほど0点に近くなり、男性ホルモンであるテストステロンも多いことになる。そういう人は論理的で分析力に優れ、言葉を厳密にとらえ、几帳面で、ものごとを整然と処理する。また得点が0点に近づくほど、感情にまどわされず、統計データをもとにコストや結果を正確に予測することができる。得点がマイナスになると、男脳度がきわめて高いことになり、胎児期の早い段階でテストステロンを多く浴びたと思われる。女性で得点が低い人は、レズビアン傾向になる可能性が高い。

得点が180点を超えると、脳は女性的に配線されていることがわかる。得点が高いほど「女脳」度が高くなり、創造性、芸術性が豊かで、音楽の分野に才能を発揮する。直感や感覚でものごとを判断し、わずかなデータから問題を鋭く認識することができる。洞察力を働かせ、思ってもみない方法で課題を解決するのがうまい。男で180点を超える人は、ゲイになる可能性が高い。

得点がマイナスになった男と、300点を超える女は、脳の配線が正反対と言ってもいいだろう。同じ地球に生きていること以外に、共通点など何もない！

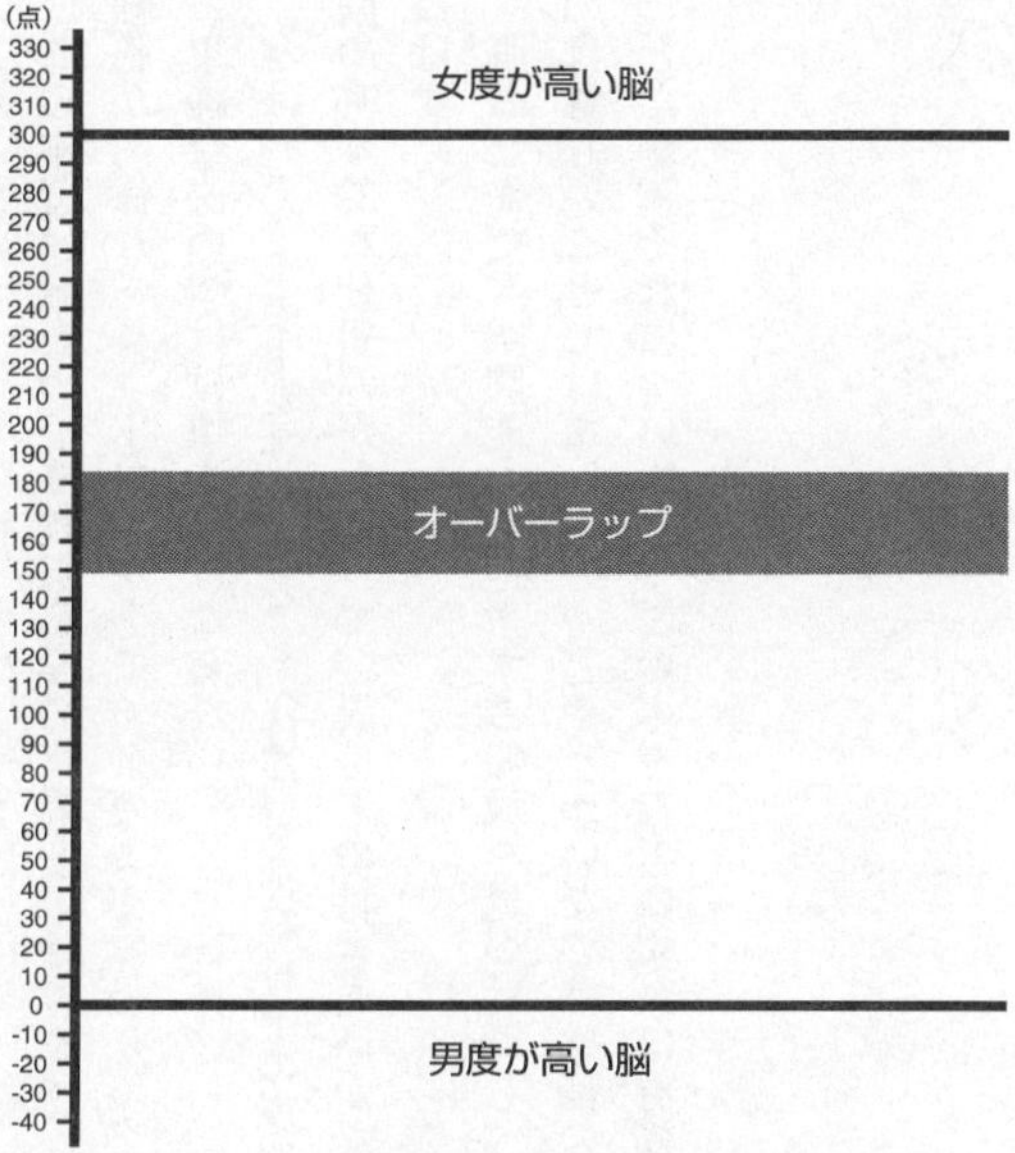

男脳・女脳テスト

オーバーラップ

得点が150〜180点の人は、男と女の両方に片足ずつ踏みこんでいるようなものだ。極端に男っぽい、あるいは女っぽい考えかたをせず、融通がきくので、問題解決のときにとても役にたつ。こういう人は異性、同性を問わず友達ができる。

最後に……

一九八〇年代に入ってから、どんな大胆な予測もかなわないような、脳の驚くべき秘密が次々と明るみに出てきた。九〇年代は脳の時代になると宣言したのはアメリカのジョージ・ブッシュ大統領だが、いまや私たちは精神の新時代に突入しようとしている。

この本では脳をめぐる神経科学の世界をわかりやすく説明しているが、脳は無数の脳細胞が関係し、ニューロンがクモの巣のように張りめぐらされた複雑な器官だ。あまりに単純な決めつけは慎まねばならない。

とはいえ、この本を読むみなさんは何も神経科学の専門家になるつもりはないだろう。脳の基本的な仕組みがわかって、異性との付きあいかたに役だてることができれば充分なはずだ。

脳のなかで、空間能力を担当する領域を見つけだし、それを活用する方法を編みだすのは難しいことではない。もっとやっかいなのは感情の働きを実際にコントロールすることだが、それについても、この本を参考にすれば有効な作戦が立てられるはずだ。

第4章　話すこと、聞くこと

バーバラとアランは、これからカクテルパーティに出かけるところだ。ドレスを新調したバーバラは、服装にことのほか神経を使っている。ブルーの靴とゴールドの靴を両手に掲げた彼女は、世のすべての男を震撼させる質問をアランに放った。「ねえ、このドレスにはどっちの靴が合うと思う？」

さあ、面倒なことになったぞ。アランの背筋を冷や汗が流れる。「うーん、そうだね……きみが好きなほうでいいんじゃないか」。はっきりしない答えに、バーバラはいらだつ。「お願いよ、アラン。ブルーとゴールドのどっちがいいの？」。アランはたまらず、「ゴールド！」と口から出まかせに言った。でもバーバラは容赦ない。「あら、どうしてブルーじゃいけないの？　こっちの靴じゃいやなのね？　値段が高いのに買っちゃったから、あなた、根に持ってるんでしょ？」

アランは肩をがっくり落とす。「僕の意見を聞くつもりがないんだったら、最初から質問しなきゃいいんだ」。せっかくアドバイスしてやったのに、感謝ひとつされないなんて。

バーバラの問いかけは、女の典型的な話しかたのひとつだ。どっちの靴をはくか、彼女の心はもう決まっていて、いまさら他人の意見など聞きいれるつもりはない。ただ、それでいいという最終確認がほしいだけなのだ。この章では、そんな男と女のコミュニケーションについて見ていこう。

「ブルー、それともゴールド?」と聞かれたら

女性に「ブルー、それともゴールド?」と聞かれたら、男はぜったいにどちらかを答えてはいけない。代わりにこう聞きかえすのだ。「きみはもう決めてるの?」。たいていの男は二者択一で答えると思っているから、意外な対応に女はどぎまぎする。「えっ、ええ……私としてはゴールドがいいかなと……」。不安そうな口調だが、気持ちはすでにゴールドで決まっている。「どうしてゴールドのほうがいいと思ったんだい?」とさらに問いかけてみよう。「だってアクセサリーもゴールドだし、ドレスにも同じ色の模様が入ってるし」といった答えが返ってきたら、ものわかった男ならすかさずこう言うだろう。「それでぴったりじゃないか! いい選びかたをしたね。すてきだよ!」。これで二人はお熱い夜を過ごせるというわけだ。

なぜ男は話がへたなのか

男は女にくらべて、会話がへただ。これは何千年も前からわかっている事実である。女の子は男の子よりも、最初にしゃべりはじめる時期が早い。三歳ぐらいになると、女の子は男の子の二倍近い語彙を身につけているし、おとなともふつうに会話ができる。言語障害を専門にする療法士のところには、幼い男の子を連れた親たちが押しかける。訴えることはみんな同じで、「この子はうまくしゃべれないんです」のひと言に尽きる。とくに男の子に姉さんがいたりすると、話しかたのちがいが顕著になる。というのも、姉と母親が、本人のかわりにしゃべってしまうからだ。五歳の男の子に「ごきげんいかが？」とたずねると、母親か姉が「元気です、ありがとう」と答えるのだ。

家族のなかでは、男の代わりにその母親、娘、姉たちが口を開くことが多い。

男が話をするときは左脳しか使っていない。ただし、左脳のなかにそれを専門に担当する部分があるわけではない。言語障害を起こした人を調べると、男では左のうしろ側、女は左の前側に損傷が見つかることが多い。男がしゃべるときの脳をMRIでスキャンすると、左半球全体が活発になっているだけで、中枢となる部分はいくら探しても見つからない。そのため、男は話すことがあまり得意でないのである。

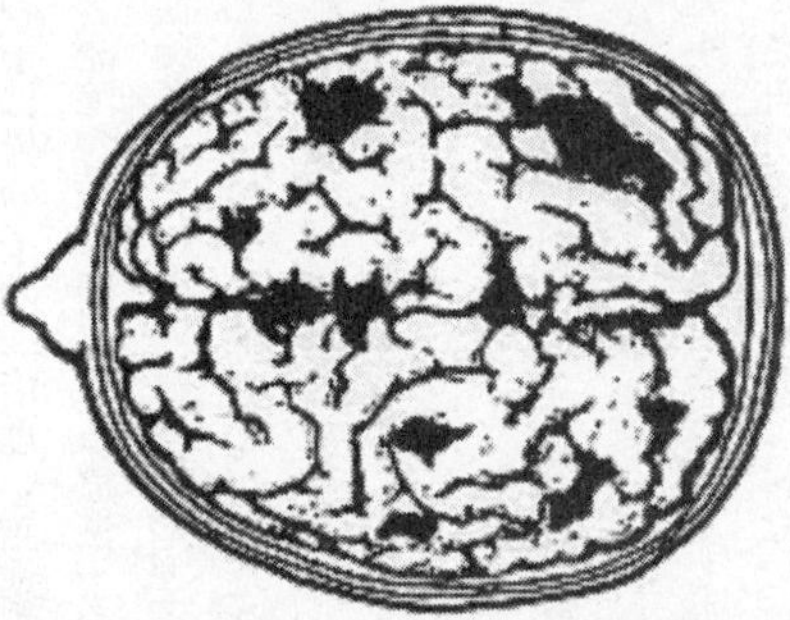

男性の脳で発話と言語をつかさどる領域（黒い影の部分）
ロンドン精神医学研究所（1999）

言葉を話しているときの男性の脳をスキャンすると、上の図のようになる。これを見ればわかるように、男性には言葉を話すときに活発になる領域がほんの少ししかない（ロンドンの精神医学研究所で認知精神薬理学を研究するトンモイ・シャーマ博士による）。

この図から男の子は発音や話しかたも明瞭ではない理由がわかる。「あー、うー」といった音が言葉のあいだにはさまるし、話を最後まで言い切らずに口ごもることも多い。声色も女の子がだいたい五種類を使いわけるのに対し、男の子の声は三種類しかない。テレビでフットボールの試合を見ているときは、そのことだけに気をとられているので、「ポテトチップスをくれ」「もうビールはないのか？」ぐらいしか言えない。いっぽう女にとっては、テレビを見ることがたんにおしゃべりの口実にすぎないことがある。

だからストーリーが複雑な殺人ミステリーより、登場人物もあらすじもおなじみの昼メロがちょうどいいのである。

男と女のちがいがいちばんはっきり現れるのが、スポーツ選手だろう。バスケットボールの女子選手は、いまやった試合のことを正確かつ簡潔に、わかりやすく話すことができる。これが男子選手だと、インタビューでも何を言っているのか理解できないし、昼さえろくに動いていない。一〇代の若者では、もっと差が出る。ティーンエイジャーの娘に、前夜のパーティについてたずねれば、出席していた子たちがどんな服を着ていて、誰が何を言ったとか、雰囲気がどうだったなど、こと細かに話すだろう。息子に同じ質問をしても、「ああ……良かったよ」で終わりだ。

バレンタインデーには、花屋で「あなたの思いを花に託して」といった宣伝文句を見かける。男たちが思いをなかなか言葉で伝えられない実情を、花屋もよくわかっているのだ。カードを買うのは苦ではない男も、そこに何かを書こうとすると、はたと困ってしまう。

だから男は、あらかじめたくさん言葉が印刷されていて、書きこむスペースの少ないグリーティングカードを選ぶ。

だが思いだしてほしい。もともと男は意思疎通ではなく、狩りを第一の役目として進化してきたことを。狩りをするときは、言葉以外の合図でやりとりするし、ときには物音ひとつ立てず、獲物を何時間も見張らなくてはならない。現代の男たちも連れだって釣りに出かけるが、おたがいひと言も口をきかないで釣り糸を垂らしている。気の合う仲間と釣りができるのは楽しいに決まっている。ただ、わざわざ口に出して言う必要を感じないだけだ。しかし、もし女どうしがずっと黙りこくっていたら、二人のあいだに重大な問題が発生していることを意味している。男たちの舌がなめらかになるのは、区分けのはっきりした脳のなかで、コミュニケーション担当部分の仕切りがはずれたとき——つまり浴びるほど酒を飲んだときぐらいだ。

男の子と学校の勉強

小学校にあがったばかりの年齢では、女の子のほうが言語能力が高い。そのため男の子はどうしても国語の成績が悪くなる。よどみなく言葉が出てくる女の子たちを前にすると、男の子は自分がバカで、がさつで、頭のなかがとっちらかった人間のような気がしてくる。それを考えると、男の子の就学年齢を一年遅らせるのも悪い話ではない。一歳年下の女の子と机を並べれば、言葉の発達程度が同じくらいなので、男の子も劣等感を抱いたり、萎縮しなくてすむ。

学年が進み、空間能力が重要な役割をはたす理科系の科目が出てくると、女の子は遅れをとる。親たちは、息子が読み書きや話しかたを身につけられるようにと切に願って言葉の教室に通わせるくせに、娘に空間的な能力を身につけさせようとは思わない。女の子はただ専攻科目を変えるだけである。

イギリスでは、国語、数学、理科など一部の科目を男女別のクラス編成にしている学校がある。たとえばエセックスにあるシェンフィールド・ハイスクールでは、数学のテストも男女クラスで設問のしかたがちがう。男女の脳のちがいに考慮したこの教育方針は実際に成果をあげており、男子生徒の国語の点数は全国平均の四倍、女子生徒の数学と理科の点はほぼ二倍の高さである。

なぜ女はおしゃべりが好きなのか

女の脳では、話すことはもっぱら左脳の前部と、右脳の小さな領域で行なわれている。左右両方を使っているために、女は話をするのがうまいし、話すのが楽しいからたくさんしゃべる。また発話をコントロールする部分が決まっているので、脳のそれ以外の場所を使って、しゃべりながら同時にいろんなことを進行できる。98ページと102ページの図で、発話や言語をつかさどる部分を男女で比べてみると、どうして女が言葉を使うのが得意なのかよくわかる。

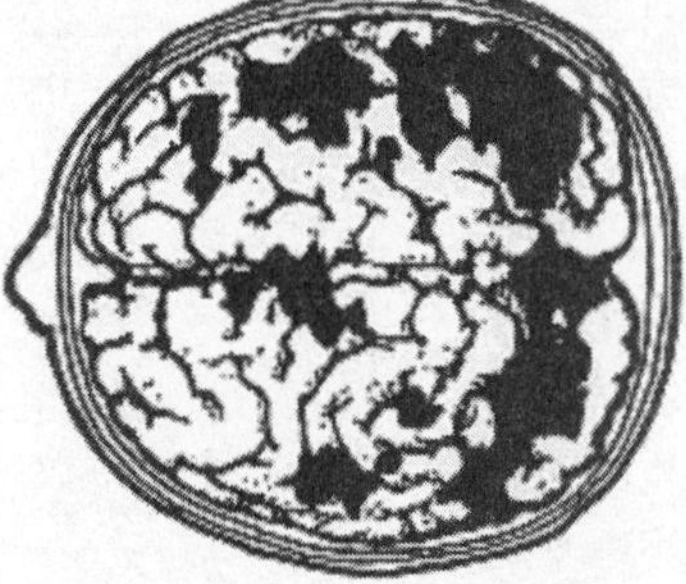

女性の脳で発話と言語をつかさどる領域（黒い影の部分）
ロンドン精神医学研究所（1999）

赤ん坊は胎児のときからすでに母親の声を認識できるという。生後四日目にして、赤ん坊が母国語と外国語のパターンを聞きわけたという報告もある。四カ月にもなれば、母音を出すときの唇の動きをまねできるようになり、最初の誕生日を迎えるころには、単語と意味の関連づけができるようになる。一歳半には言葉らしい音を出すようになり、二歳には女の子で最高二〇〇〇語をものにしているという。おとなにはまねのできない見事な学習ぶりだ。

女の子は脳の発話ゾーンがはっきり決まっているおかげで、外国語を習得するのも楽だし、速い。文法や句読点の打ちかた、綴りかたの成績も女の子のほうが上である。二五年間さまざまな外国でセミナーを開いてきた私たち筆者だが、男性通訳にお目にかかったことはほとんどない。通訳といえばまず例外なく女性だった。

言語能力が求められる教科の教師男女比　（1998年イギリス）

科目	教師数	女性(%)	男性(%)
スペイン語	2700	78	22
フランス語	16200	75	25
ドイツ語	8100	75	25
演劇	8900	67	33
その他の外国語	1300	70	30

左脳の言語能力が求められる教科について、教師の男女比を表にすると次ページのようになる。女の脳は言葉の中枢がはっきり決まっているために、言葉を操る能力に長けている。

教育という男女平等が重視される領域でさえ、男女の脳のちがいは教師の専門科目にはっきり現れている。男女同権を訴える団体は、教師の数が男女同じになったことで得意になっているかもしれないが、言葉に関連する科目では、このように女性支配が続いているのだ。

左脳は右半身の働きをコントロールしている。だから左ききより右ききの人が多いし、手書きの文字は男より女のほうが読みやすい。女の脳は、話すだけでなく書くほうでも得意なように配線されている。

なぜ女はしゃべらずにいられないか

男の脳は機能ごとの区分けがはっきりしていて、情報を分類し、保存する能力に優れている。難題続きだった一日の終わりには、今日何があったかを整理して、けじめをつけることができる。女はそれができず、うっとうしい感じだけがいつまでも頭のなかをぐるぐると回りつづける。

男の頭は問題点に索引をつけて整理できるが、
女の頭はひたすら問題をかきまわすだけ。

そのため女がやっかいごとを振りはらうには、それについてしゃべって問題点を認知するしかない。だから今日起こったことを女が話すのは、結論や解決策を見つけるためではなく、憂さを晴らしてすっきりするのが目的なのだ。

ホルモン・コネクション

ウェスタン・オンタリオ大学で神経内分泌を専門とするエリザベス・ハンプソンは、女性の各種能力と、女性ホルモンであるエストロゲンを研究している。男性ホルモンのテストステロンが少ないと、女性は空間認知能力が落ち、エストロゲンが増えると発声や運動能力が向上するという。エストロゲンの分泌が盛んになると、女は穏やかになって明瞭な話しかたができる。反対にテストステロンの分泌が盛んになると、空間認知能力が高くなる――鋭い舌鋒で男の面目をつぶすことはできなくても、二〇メートル先からフライパンを投げて、男に命中させることはできる。

女はおしゃべりが恋人

女たちはテレビで映画を見ているあいだも、たいていおしゃべりしている。話題は子どものこと、男のこと、仕事や生活で起こることなどいろいろだ。男女とりまぜたグループで映画を見ていると、たいてい男がおしゃべりをやめろと女に注意するはめになる。男は映画を見るか、話すかのどちらかしかできず、なぜ女が両方やれるのか理解できない。そのうえ女は、みんなでこうして集まるのは楽しい時間を過ごして、関係を深めるためだと思っている――びっくりした魚みたいに口をぽかんと開けて、画面を見つめているだけでは不満なのだ。

そしてコマーシャルが入るたびに、男は話の展開や登場人物の関係について女を質問攻めにする。登場人物の感情を表す微妙なボディランゲージを読みとれないからだ。女はもともと、ほかの女や子どもたちと過ごす時間が長いから、円満な人付きあいを保つために相手と気持ちを通わせる技術を磨いている。女にとって、おしゃべりの意義ははっきりしている。人間関係を作りあげ、友人を増やすことだ。だが男には、話すことはたんなる事実の伝達でしかない。

電話を、事実や情報を他人に伝えるための通信手段と考えるのは男だ。女に言わせると、絆作りの道具である。だから女友達と二週間の休暇を過ごして帰宅したあと、すぐまた彼女に電話して、さらに二時間もおしゃべりできる。

女の子が男の子よりおしゃべりになるのは、それだけ母親から話しかけられる時間が長いからかもしれない。『社会行動と言語の獲得』という本を書いている精神科医マイケル・ルイス博士の実験では、母親は娘のほうに多く話しかけ、見つめていることが確認された。また子どもの脳の特質に応じて、親の接しかたが変わるという研究結果もある。つまり女の子の脳は言葉を発したり、受けとめたりするのを得意とするがゆえに、親も女の子にたくさん話しかけるのだ。たしかに母親が息子に熱心に話しかけても、「うー」とか「ああ」といった答えしか返ってこなくて、がっかりすることは多い。

男は自問自答する

敵と戦い、家族を守り、問題を解決するべく進化してきた男たち。彼らは恐怖や不安を表に出すことなど許されない。やっかいごとを相談されると、男は「僕にまかせてもらえるかい？」とか「あとで考えてみる」と答える。嘘ではない。ひとりになってから、無表情な顔でじっと考えをめぐらせるのだ。そして答えが見つかってはじめて、男の顔は生気を取り戻し、解決策を人に伝えようと口を開く。

女は外部とコミュニケーションをとるのに言葉を使うが、男の言語能力はそこまで発達していない。そのため男はもっぱら頭のなかで話をする。窓辺に座って外を眺めている男の脳をスキャンしてみると、自分と会話しているのがわかるだろう。だが女には、男は退屈しているか、さぼっているようにしか見えない。そこで話しかけたり、用事を与えようとして、ときには男を怒らせる結果になる。ご存じの通り、男は一度にひとつのことしかできないのだ。

サイレント・トークの危険性

男どうしの付きあいなら、各自が頭のなかで自分と対話していても問題はない。会議の席で、出席者が長いあいだ黙りこくっていても平気である——釣りと同じようなものだからだ。仕事のあと静かに酒を飲むのを好んだりもする。しかしその場に居あわせた女は不満たらたらだ。おのれと語りあう男を見て、女は心ここにあらずだとか、愛想が悪いとか、私がじゃまなのねと思ってしまう。女性とうまく付きあいたいのなら、男は積極的に話をするよう心がけたほうがいい。

女は声に出して考える

セミナーのとき、ある男性が言った。「何か問題が起こったり、今日の予定を考えているときの妻には、ほんといらいらします。なにしろあらゆる選択肢や可能性、関係する人びと、やるべきこと、行くところを全部口にするんですから。気が散って何も手につきません！」

女は、話すことがすなわち表現なのだ。もともとそのように脳ができているし、それが女の強みでもある。男だったら、五つか六つ用件を書いたリストを握って、「今日はやることがたくさんあるんだ――それじゃあとで」と言いのこして行ってしまうところを、女は全項目を適当な順番で並べ、それぞれにともなう選択肢や可能性についても全部しゃべる。「えーと――ドライクリーニングを取りに行って、洗車してもらわなくちゃ――あ、そうそう、レイから電話があったわよ。そっちからかけ直してくれって――それから郵便局で小包を受けとって――ついでに……」。だから女はおしゃべりだと男に非難されてしまう。

声に出して考える危険性

声に出していろいろ考えをしゃべることを、女は親しさの現れだと感じているが、男はそう思わない。女に問題点を並べたてられると、男は解決役をまかされたと思って不安になったり、怒りだしたり、あれこれ指示を出そうとする。ビジネスの席では、考えを全部声に出す女は思考が散漫で、自制心が弱く、知性が低い印象を与える。だから仕事で男に一目置かれたいなら、なるべく頭のなかで考えを練って、結論だけ言うようにする。また、問題解決の取りくみかたが男女でちがうことを知っておこう。女が男に相談するときは、解決策を求めているわけではないし、相談された男が黙りこくってしまっても、体調が悪いわけではないのだ。

女がしゃべると、男はびびる

おしゃべりを通じて人間関係を作りあげることを、女の脳は最優先している。女は一日に平均六〇〇〇〜八〇〇〇語の単語を楽々としゃべり、さらに言葉にならない声や音を二〇〇〇〜三〇〇〇回、顔の表情や頭の動きといったボディランゲージも八〇〇〇〜一万回ほど出している。全部合わせると、一日平均二万回もコミュニケーションとしての「言葉」を発してメッセージを伝えているのだ。あごに障害を起こす確率は、女性のほうが四倍も高いという英国医学協会の報告もうなずける。

コメディアンが言った。

「いつだったか、妻に半年間話しかけなかったことがあったんです。

彼女のおしゃべりに口をはさみたくなかったもので」

では男はどうだろう。単語は二〇〇〇〜四〇〇〇語、声は一〇〇〇〜二〇〇〇回、ボディランゲージはたったの二〇〇〇〜三〇〇〇回である。合わせてもコミュニケーション活動は七〇〇〇回で、女の三分の一強しかない。

このちがいは、一日の仕事を終えた夕食の席で明らかになる。男は七〇〇〇語の持ち分をすでに使いはたしているので、これ以上コミュニケーションをとる気はなく、暖炉の炎でもゆっくり眺めていたい。いっぽう女は、一日をどう過ごしたかで変わってくる。昼間ほかの人とさんざんしゃべっていたら、二万回の持ち分を使っているから、やはりこれ以上話そうとは思わない。しかし、家で幼い子どもしか相手にしていなかったら、せいぜい二〇〇〇〜三〇〇〇回しかコミュニケーションしていない。まだ一万五〇〇〇回以上も残っている！　その結果夕食の席でどんな会話がかわされるかというと……

妻「あら、お帰りなさい。今日はどうだった？」

夫「まあまあだね」

妻「ブライアンから聞いたんだけど、ピーター・ゴスパーとの大きな契約話がいよいよ佳境なんですってね。どうなったの？」

夫「うまくいったよ」

妻「それは良かったわね。あの人は扱いにくいお客さんだもの。あなたのアドバイスは聞きいれてもらえそう？」

夫「そうだな」

夫は尋問を受けているように感じて、いらだちを覚える。自分が求めているのは「心静かなひととき」なのに。だが妻といさかいになるのは避けたいから、矛先を変えて「きみのほうはどうだった？」と質問する。

するとと待ってましたとばかりに、妻はしゃべる、しゃべる、しゃべる。今日起こったことをひとつ残らず、ひたすら詳しく。

「それがねえ……けっこうたいへんだったのよ！　結局ね、今日は町に出かけないことにしたの。というのも、いとこの親友でバス会社に勤めている人がね、今日はストだって言うから。だから散歩に出たわけ。天気予報で今日は晴れるって言ってたから、ブルーのドレスを着たの――ほら、アメリカに旅行したとき買ったやつよ、あなたも知ってるでしょ――それで歩いていたら、偶然スーザンに会って……」

こうして妻は、一日分のコミュニケーションをこなすためにひたすらしゃべる。話を聞かされる男は思う。どうして口を閉じて、静かにしてくれないんだろう。ごちゃごちゃした話を聞いていると、死にたくなる！「俺が欲しいのは、ひとときの静けさなんだ！」。これは洋の東西を問わず、男の切なる叫びにちがいない。男は狩人だ。食べるものを求めて日がな一日走りまわっていた。だから仕事を終えて家に帰ったら、たき火の炎をただじっと見つめていたい。しかしそれをやると、妻は無視されていると思って腹を立て、やっかいなことになる。

男が暖炉の炎をぼんやり眺めていると、女は愛されていないと思いこむ。

女がしゃべる目的は、しゃべるためにほかならない。それなのに男は、解決策を求められていると思ってしまう。分析好きな脳が、女の話をさえぎるのだ。

妻「……舗道ですべっちゃって、新しい靴のヒールが折れたの。だから……」

夫（話をさえぎって）「おいおい……ショッピングセンターに行くのに、ハイヒールなんかはくやつがあるかい。ああいうところはけっこう危ないっていう調査結果があるんだ。買い物に行くときはスニーカーをはかなくちゃ！」（これで問題は解決だな！）

妻（黙って聞いててくれればいいのに）「……それで車のところに戻ったら、うしろのタイヤがぺちゃんこなのよ……」

夫（また話をさえぎる）「だから言っただろう、ガソリンスタンドで給油したら、かならず空気圧を確認してもらわなきゃだめだって」（この問題も解決だ）

妻（黙って聞いてりゃいいのに）

夫（なんでひとりにしてくれないんだろう？　なんで彼女の問題を何でもかんでも俺が解決してやんなくちゃならないんだ？　それも、最初に気をつけてればすむ話ばかりじゃないか）

妻は夫を無視して、話を続ける。

ここから得られる教訓はただひとつ。

一日分のコミュニケーションをこなすために話しているとき、女は口をはさまれることも、解決策を教えてもらうことも望んではいない。

これは男にとって朗報である。ただ聞くだけで、何も反応しなくていいのだから。しゃべり終えた女は、胸のつかえがとれて満足するし、じっと聞いていた男の株も上がる。こうして楽しい夜が過ぎていく。

日々のよしなしごとについてしゃべるのは、女のストレス解消法だ。女にとって話すことは、絆を深める手段であり、心の支えなのだ。だからカウンセラーにかかるのも、聞き役であるカウンセラーも、圧倒的に女が多い。

カップルが破綻する理由

働く女の七四パーセント、専業主婦にいたっては九八パーセントが、恋人や夫の最大の欠点は、一日の終わりに話をしてくれないことだと考えている。昔の女たちは育てる子どもの数も多かったし、話をしたり、力になってくれる女が近くにいたから、そういう不満は感じなかった。でもいまは、家に入って子育てをしている母親は孤独にさいなまれている。近所の女たちがみんな働きに出ていて、話し相手がいないからだ。仕事を持っている女は、昼間同僚と話ができるので、夫が無口でもあまりストレスを感じない。

こんな事態になったのは誰のせいでもない。親たちにこういう悩みはなかった。私たちは、望ましい役割モデルを持たない最初の世代なのだ。だが希望はある。新しい生きかたのための新しいテクニックをこれから学べばいいのである。

男の話しかた

男の話す言葉は短く、論理的な構造がしっかりしている。単刀直入に話がはじまり、要点を押さえて、結論をはっきり述べるので、何が言いたいのか、何を望んでいるのかわかりやすい。しかし一度にたくさんの話題を出すと、男は混乱する。だから男を説得したり、納得してもらうためには、女は一度に具体的な話をひとつだけ出すことが肝要だ。

男と話すときの大原則。簡潔に！　一度にひとつのことしか考えさせてはいけない。

男女がいっしょにいる場で考えを述べるときも、男寄りの話しかたをすれば男女ともに理解してくれる。女ならではのマルチトラック方式で話をすると、男はついてこられなくなり、興味を失う。

女はマルチトラック

女の脳は左右の連絡が非常に良く、発話を担当する区域もはっきりしているおかげで、いくつもの話題を同時に、ときにはたったひとつの文章で語ることができる。お手玉を三〜四個同時に投げあげるような芸当を、女たちは苦もなくやってのける。しかも女どうしの会話では誰もがそれをやり、ひとりもお手玉を落とさない。

会話が終わった時点で、どういう話題が出たか、何が起こったか、どんな意味があったのか女はすべて了解している。だが一度にひとつの話題しか処理できない男には、このマルチトラックにとてもついていけない。女たちの会話に加わった男は、すぐに混乱してめまいを覚える。

女の話は、最初に出た話題を言い終わらないうちに別の話題に移り、突然元に戻るかと思うと、あいだに無関係なことをちょこっとはさんだりする。男は途方に暮れるだけだ。私たちピーズ家の会話をご紹介しよう。
アラン「ちょっと待ってくれよ——オフィスで誰が何を言ったって?」
バーバラ「オフィスのことなんて言ってないわ。義理の兄さんのことを話してたの」
アラン「義理の兄さん? いつからそんな話になってたんだ?」
バーバラ「ちゃんと聞いてなくちゃだめよ。ほかの人はみんなわかってるんだから」
フィオナ(バーバラの姉)「そうよ——私はバーバラの話がわかってるわ」
ジャスミン(娘)「私だってそうよ。パパがとろいの! いつだって話についていけないんだもの」
アラン「きみたち女性軍にはお手あげだね!」
キャメロン(息子)「僕も降参——まだ子どもだからわかんないや」

男は入りくんだ裏路地でも、A地点からB地点まで的確に移動できる。だが、同時にいろんな話題でしゃべっている女たちのなかに放りこむと、男は完全に道に迷う。

複雑なマルチトラック能力は、どんな女にも備わっている。秘書という職業では、一度にいくつもの仕事をこなすことが不可欠だが、一九九八年のイギリスの統計では、七一万六一四八人いる秘書のうち九九・一パーセントは女性だった。

女の子は学校にいるころから、そういう仕事をするよう仕向けられているという主張もあるが、女はもともと言語能力に優れ、ものごとを組織化してマルチトラックで業務をこなす資質に恵まれているのだ。福祉やカウンセリング関係の職種でも、就業者一四万四二六六人のうち、男は四万三八一六人、女は一〇万四五〇人だった。コミュニケーション能力、言語能力が求められる分野では、女が圧倒的に強い。

脳をスキャンしてみると

しゃべっているときの女の脳をスキャンすると、前のほうが左右両方とも活発になっている。またこのときは、聴覚機能も働いている。そのため女は、複数の話題についてしゃべりながら、同時に他人の話も聞くという驚くべきマルチトラック能力を発揮できる。この事実をはじめて知ると、男は女に恐れいる――それまでただ口うるさいだけだと思っていたのだが。

女は話すのと聞くのをいっぺんにやりながら、
そのうえ不器用な男をなじるという芸当をこなす。

女のおしゃべりは、昔から冗談の種にされてきた。どこの国に行っても、「ほら、女たちのおしゃべりときたら――ぺちゃくちゃぺちゃくちゃ――相手の話なんかちっとも聞いてやしない！」と男たちはからかう。中国でも、ドイツでも、ノルウェーでも、アフリカ人もイヌイットも例外ではない。だが実際は、男は話すこと、聞くことを一度にどちらかしかできないだけだ――同時にはこなせないのである。

男と話すときのコツ

男は自分のやっていることをさえぎられると、競争心に燃え、攻撃的になる。だから男と意思疎通をはかるなら、彼が話しているときに口をはさんではいけない。だが、女にはそれがなかなかできない。女にとっては、相手と同時にしゃべることが人間関係を築き、話に参加するうえで不可欠だからだ。彼を大事に思うあまり、いろんな話題を引っぱりだして、もっと親しくなろうとする。だがそうすると、男は耳をふさいでしまうだろう。

男は同時に話したり聞いたりできないのだから、
男が話す順番が来たら、好きなようにしゃべらせてやろう。

「話の腰を折るな!」。世界のあらゆる国で、男たちは女をどなっている。男の話す言葉は、解決策に到達することをめざしているため、文章が完結しなくてはならない。さもないと内容に意味がなくなってしまう。いくつもの要点をとらえるマルチトラックができないので、複数の話題を並行して進められると失礼に感じるし、相手の思考が散漫だと見なす。だが、女にはそれが理解できない。女がいろんな話題を並行させるのは、男と親密になり、男の立場を高めたいからだ。男女間の会話では、相手の話に口をはさむのは八割が男だという。男にとっては、傷口に塩をすりこまれるようなデータだ。

どうして男は大言壮語するのか

言語専門の中枢を脳に持たない男は、少ない言葉で情報をやりとりしなければならない。そこで男の脳は、左脳の前とうしろのほうに、語彙をつかさどる部分が発達した。女の脳では、語彙の領域が左右両方にあるものの、あまり能力は高くない。そのため言葉の定義や意味に重きを置かず、声の抑揚で意味を伝え、ボディランゲージに情感を込める。

いっぽう男にとっては言葉の意味がとても重要で、定義を振りかざして相手より優位に立とうとする。言葉は他人と競いあうための手段であり、定義は一種のゲーム戦略なのだ。「……彼の話は要点がぼやけているし、核心に触れていないから、意図するところが伝わっていない」とひとりの男が言いだすと、すかさず別の男が「つまり言語不明瞭ってことだね?」と口をはさむ。最初の男の言わんとするところをはっきりさせる、いわば「援護射撃」だ。競争心の強い男なら、「言語不明瞭」というひと言で相手の言葉を要約し、自分の立場を高めようとするかもしれない。

女の言葉はごほうび

女は集団への参加意識をはっきり伝え、人間関係を作るために言葉を使う。だから言葉は相手へのごほうびである。好感を持っている相手、その人の言うことに興味があって、友達になりたいと思っている相手には、女はたくさん話しかける。当然逆もあるわけで、罰を与えたい、あんたなんか友達じゃないと知らしめたいとき、女は相手を黙殺する。そんなだんまり攻撃や、「もう二度と口をきくもんですか!」という脅し文句は、男にとって冗談抜きに脅威である。

たくさん話しかけてくる女は、あなたに好意を抱いている。

話しかけてもらえなくなったら、嫌われたと思ったほうがいい。

沈黙の罰を与えられた男が、そのことに気づくのに平均九分かかる。それまでは、女の沈黙をありがたいボーナスだと勘違いして、「静かなひととき」を楽しむのだ。

女の話は遠まわし

最初は気楽で楽しい週末ドライブだった。自宅から車で数時間走ったところにある、美しい渓谷が目的地だ。山腹をのぼる道がくねくねと曲がりだしたところで、ジョンはラジオのスイッチを切った。慎重にカーブを曲がるのと、音楽を聴くことは同時にできないからだ。

「ジョン」。恋人のアリソンが話しかける。「コーヒーを飲みたくない？」。ジョンは笑顔で「いや、いまはいらないよ」と答えながら、アリソンは思いやりがあるなと感心していた。そんなジョンが、アリソンの沈黙に気づいたのはしばらくたってからだ。何かまずいことをしただろうか？　そう考えたジョンが、「どうかした？」とたずねると、アリソンは「何でもないわ！」とつれなく答えた。ジョンはとまどいながらも、「ねえ……いったいどうしたんだい？」とさらに聞く。アリソンは鼻で笑いながら、「どうせ停まってくれないくせに」と捨てぜりふを吐いた。分析が得意なジョンの脳は、彼女が「停まる」という言葉を使ったのを見逃さなかった。だけど、車を停めてくれなんて彼女はひと言も言っていない。するとアリソンは、もっと自分の気持ちに敏感になってもらわないと困ると反論した。コーヒーはどうとたずねたら、飲みたいのは私のほうなんだから。「読心術でも使えって言うのかい？」。ジョンはいやみで応酬した。

国を問わず男が女に叫ぶ言葉に、「はっきり言ったらどうなんだ！」というのもある。女の話は遠まわしで、望んでいることをまわりくどい言いかたで表現する。婉曲話法は女の専売特許だが、それにはちゃんと目的がある――攻撃や対立、不和を避けて、相手と親しくなり、関係を築くことだ。巣を守る者として、調和を保つための大切な手法なのである。

遠まわしな話しかたは女性どうしを親密にする――ただし、そのルールを知らない男には通用しない。

女の脳はプロセス重視であり、コミュニケーションにおいてもプロセスを大切にする。だが男から見ると、それはまとまりも目的もないただのおしゃべりでしかない。だから男は、女は自分が何をしゃべってるのかわからないのだと非難したくなる。

ビジネスの場では、マルチトラックの婉曲な会話に男はついていけないから、まわりくどい話しかたは致命的だ。せっかくの提案や要求も却下されるし、出世のチャンスもつぶれる。人付きあいでは遠まわしな言いかたもたしかに有効だが、自動車や飛行機が衝突しそうなとき、ドライバーやパイロットに注意をうながすには不向きと言わざるをえない。

婉曲的な話しかたには、「～のような」「～な感じの」「～ということの」といった修飾語句がよく出てくる。第二次世界大戦中にイギリス首相を務めたウィンストン・チャーチルが、ヒトラーの脅威に対抗するために連合国に呼びかけた演説で、もしこうした修飾語句を多用していたら？　「我々は海岸――のようなところ――で戦い、野でも少しばかり戦うだろう――降伏といったことは、我々は決してしない」……敗戦は必至である。

女どうしで話すときは、遠まわしな言いかたをしてもまったく問題ない。敏感な女たちは、真意をちゃんと汲みとれる。だが男に用いるのは厳禁だ。男はストレートな物言いしかできないし、言葉を文字通りに受けとってしまうからだ。

男は単刀直入

男の話は文が短く、直截で、要点を簡潔に示し、解決策を見いだすことを最大の目的としている。また大げさな言葉を使いたがり、事実をあちこちにまぶす。「まったく」「ぜったいに」「完全に」といった表現を好む。こういう話しかたは、仕事の話を迅速かつ効率よくまとめるのに便利だし、他人に対して権威づけをする手段にもなる。しかし社交の場でそういう口のききかたをすると、ぶっきらぼうで礼儀知らずという印象を与える。

次の言いかたをくらべてみよう。

1朝食にオムレツを作ってこい！
2朝食にオムレツを作ってくれよ。
3朝食にオムレツを作ってくれないか？
4朝食はオムレツでいいよね。
5朝食にはオムレツがいいんじゃないかな？
6朝食にはオムレツなんてどう？

1から順番に、だんだん間接的な表現になっている。前の三つは男が、あとの三つは女がよく用いる。要求内容は同じなのに、表現がまずいと、オムレツを食べたい気持ちも失せてしまう。女が目に涙を浮かべて、「何さ、えらそうに！　そんなに食べたかったら、自分で作りなさいよ！」と叫び、男が「自分では何も決められないのか。もういい、俺はマクドナルドで食べてくる！」とどなる修羅場にもなりかねない。

ではどうするか

女が遠まわしな言いかたをするのは、脳の配線がそうなっているからだ。男はその事実を理解して、腹を立てないようにするべきだ。女と良い関係を築きたいのなら、まずは女の話を聞くことだ。それもあいづちやボディランゲージをうまく使って、ちゃんと聞いていることを示す必要がある――それについては第6章を参照。頼まれもしないのに解決策を示したり、おしゃべりの背後にある動機を疑ったりしてはいけない。もし女が悩みを抱えているようなら、男にはとっておきの手法がある。「その話は、男として聞けばいいかな、それとも女友達のように聞いてあげればいい?」とたずねるのだ。男として聞いてほしいと言われたら、解決策を考えてあげよう。

男に話を聞いてもらうには、時間と議題をあらかじめ伝えるのがコツ。

男に確実に話を聞いてもらうには、何を、いつ話したいか伝えることだ。「職場の上司のことで、ちょっと悩んでるの。あなたに聞いてもらいたいんだけど、夕食がすんだ七時ごろなんてどうかしら?」。順序を踏まえたこの要望は、男の論理的な脳をくすぐる。自分が評価されているという実感が得られて、悪い気はしない。これに対して、「誰も私にかまってくれない」という遠まわしな要求は、男がなじられていると感じて防御に入るので、効果的とは言えない。

直接的な話しかたは、西洋世界で男どうしがビジネスを進めるときの手段だが、東洋ではかならずしもそのかぎりではない。たとえば日本では、婉曲な物言いがビジネスでも盛んに使われていて、単刀直入に話す者は子どもっぽくて世間知らずだと思われるし、そういう話しかたをする外国人は日本のことをよく知らないと見なされる。

男をうまく動かすには

婉曲話法のプロである女たちは、「~できる」という言いかたをよく用いる。「ゴミを出せる?」「今夜電話できるかしら?」「子どもたちを迎えに行ける?」。しかし男は女の問いかけを文字通り受けとめるので、「電球を交換できる?」という質問は、「電球を交換する能力を持っているか?」と聞こえる。「~できる」という表現は、能力の有無を問われていることになるから、当然男は論理的にイエスと答えるだろう。ゴミを外に出す、電球を交換する能力はある——ただし、実行に移すという約束はしていない。しかし男にしてみれば、うまく操られ、「イエス」という答えを誘導されたという感覚は否めない。

男を確実に動かすには、「~してくれる」という言いかたのほうが良い。「今夜電話してくれる?」と聞けば、今夜何かをするという確約が問われているので、「イエス」か「ノー」をはっきり答えざるをえない。女としても、「~できる?」とたずねて何でもかんでも「イエス」と安請けあいされるより、「~してくれる?」と質問して、できないことは「ノー」と言ってもらったほうがよほど精神衛生に良いはずだ。男がプロポーズするときの決まり文句は、「僕と結婚できる?」ではなく、「僕と結婚してくれる?」のはずだ。

女は感情に訴え、男は言葉じりをとらえる

女の脳は、言葉を厳密に定義することがあまり得意でない。そのいっぽうで詩的な言葉づかいは第一級だし、効果をあげるために大げさな表現を使うこともいとわない。ところが男は、女が口にする言葉がすべてそのまま真実だと解釈し、その通りに反応してしまう。

口論のとき、男は女の言葉を定義して勝利をおさめようとする。たとえばこんなふうに。

妻「あなたなんて、私の意見に賛成してくれたことは一度もないじゃない!」
夫「一度もない、とはどういうことだ? 最後の二つについては賛成しただろう」
妻「あなたはかならず私に反論するし、いつだって自分が正しいと思ってるのよ」
夫「まさか! かならず反論するなんて嘘だ! 今朝だって、ゆうべだって、先週の土曜だってきみの意見に賛成したじゃないか。かならずなんてことない!」
妻「私がこの話を出すと、あなたはぜったいそう言うわよね」
夫「ぜったいなんてことあるものか!」

妻「だいたいあなたって、私に手を触れるのはセックスしたいときだけですもんね」
夫「何でも大げさに言うのはやめろ！　したいときだけだなんて……」

女は感情を武器に男に立ちむかい、男はそんな女の言葉を定義しようとする。こうして口論はエスカレートしていき、ついに女は口を貝のように閉ざし、男は地団太を踏む。

この種の議論を成功させるには、女の言葉の使いかたを男が理解する必要がある。極端な言いかたをしても、それは本気ではないのだから、男は文字通り受けとったり、その意味を厳密に追及してはいけない。「もし、まったく同じドレスを着た人と鉢合わせしたら、死んじゃうわよ。そんなのって最悪だもの！」と女が言ったとしても、別に彼女はほんとうに最悪だとか、死ぬと思っているわけではない。ところが、額面通りに受けとめた男が、「まさか、そんなことぐらいで死にはしないさ——世の中にはもっとひどいことがあるんだからね！」と返そうものなら、女にはいやみ以外の何ものでもない。

女のほうも、男と議論で勝とうと思ったら、論理的に話を進めることだ。男には、一度にひとつのことしか考えさせない。お得意のマルチトラックも口論のときは控えるべきだし、当てこすりも効果ゼロである。

女が話を聞くとき

女は話を聞いているとき、一〇秒間にだいたい六種類の表情を使いわけながら、相手の

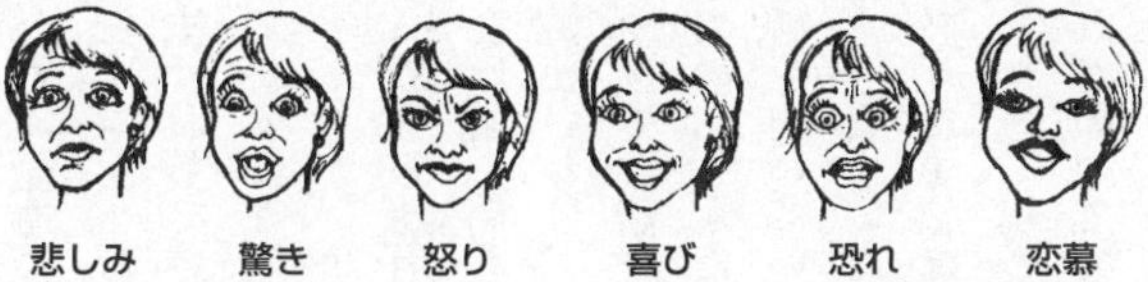

女が話を聞いているときに見せる、6種類の表情

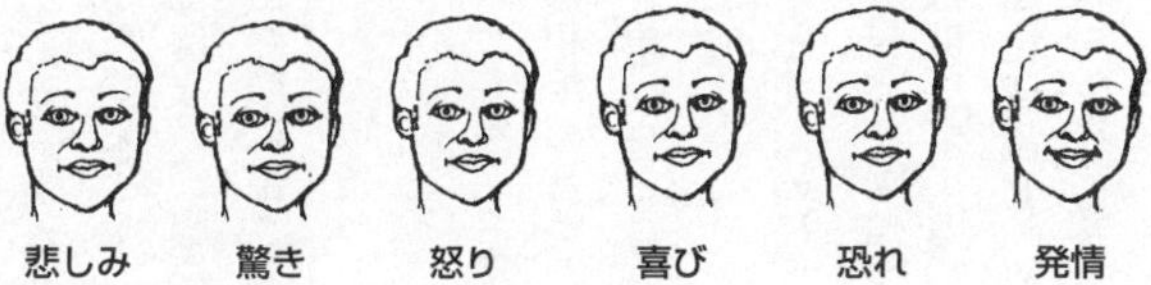

男が話を聞いているときに見せる、6種類の表情

感情を受けとめ、投げかえしている。つまり表情は、話者の感情を映しだす鏡なのだ。だから女どうしの会話をはたから見ていると、話題になっているできごとはどちらが実際に体験したことなのか、判別ができない。

また女は、相手の声の調子とボディランゲージで、語られていることの真意を汲みとる。これこそ、男が女の関心を惹き、話を聞きつづけてもらうために必要なことだ。たいていの男は、話をしながらいろいろ表情を作るなんて考えただけで照れる。だが、それさえできれば、大きな配当が戻ってくるはずだ。

男は能面

戦士である男は、話をしていても本

心を悟られないように、どうしても無表情になる。129ページのイラストはおもしろくするために極端に描いているが、あながち嘘でもないはずだ。男は無表情を保つことで、状況をコントロールできているという実感を味わう。もちろん、だからといって感情まで抜けおちているわけではない。脳をスキャンしてみれば、女に負けず劣らず感情が動いているのがわかる。ただ顔に出さないだけだ。

あいづちの効用

女は話を聞きながら、「ええ」とか「まあ」といった声を、高低とりまぜて五種類ぐらい使いわけ、ときには相手の言った言葉や内容を繰りかえしたりしながら、マルチトラックで会話を進める。男のほうはせいぜい三種類で、相手の抑揚の変化にも鈍いし、本人の話しかたも単調だ。

話を聞いていることを示すために、男は「ふんふん」という短い音を発し、ときおり軽くうなずいたりする。ところがこの態度は女には不評で、人の話を聞いていないと女は怒りだす。ほんとうは聞いているのに、そう見えないのだ。

しかし、男たちと互角に議論し、提案をしなければならないビジネスウーマンには、これが願ってもない武器になる。男の話を聞くとき、女が相手のときとちがって、相手の感情を反映させる必要はない。無表情のままじっとして、うなずいたり、ふんふん言っていればよい。このテクニックが使える女は、男からの信頼度が高いというテスト結果もある。反対に男の気持ち（あるいは女がそう見込んでいる感情）をフィードバックしてしまう女は、信頼性が低く、権威もないと思われて、「そそっかしい」「考えが足りない」といったレッテルを男に貼られることもある。

男に話を聞いてもらうには

内容のあらましをあらかじめ伝えておき、時間も決めて、だらだら話を続けない。解決策も、行動計画も求めていないのだとはっきり言う。「アラン、今日起こったことであなたと話がしたいんだけど。夕食後はどうかしら？　何も解決してくれなくていいの、ただ話を聞いてほしいのよ」。こう言われれば、たいていの男は二つ返事で承知する。時間、場所、目的がはっきりしていることは男の脳に訴えるし、何かやれと命じられているわけでもないから、なおさら安心して耳を傾けることができる。

ぶりっ子声

高いピッチで歌うように出す声の効果を、女なら誰でも知っている。高い声は女性ホルモンが盛んに分泌されていることの現れであり、幼児っぽく聞こえるために、たいていの男に守ってやらなければという気を起こさせる。また深みのある低音の声が女に好まれるのは、それが男性ホルモンのレベル、つまり男らしさを物語っているからだ。男の子が思春期を迎え、全身にテストステロンが行きわたるようになると、声変わりが起きて低い声になる。女の声が高くなり、男の声が低くなるのは、おたがいに気のある証拠だ。だからといって、無理にそういう声を出す必要はないが。

あの人、ひょっとして私に気がある? そんなときは、声に注目。

ちなみにビジネスの現場では、女は低い声を使ったほうが知的で、権威があって、信頼できる印象を与える。あごを下げて、大げさな抑揚をつけずにゆっくりと話す練習をしておこう。声を高くすれば威信が示せると誤解する女は多いが、それでは攻撃的な印象を与えるだけだ。

別の興味深い見解もある。ふつう、ぶりっ子声は好きな男に守ってもらうために出すものだが、太りすぎの女にかぎっては、大きな身体がかもしだす威圧感を打ちけすためだというのだ。

第5章　空間能力

◎地図と縦列駐車

地図が夫婦を引きさく

レイとルースの夫婦は、車で町まで出かけた。運転するのは夫のレイで、助手席に座るのは妻のルース。話しあって決めたわけではないけれど、この役回りはいつもいっしょだ。レイは男の例にもれず、ハンドルを握ると人が変わる。

地図を見て道を教えてくれ、とレイはルースに言った。ルースは地図の該当ページを開き、上下をひっくりかえした。車が右折すると、地図も右に四五度回転させる。もちろんルースは地図に何が描いてあるかわかっている。ただ、自分が進んでいる方向と地図の方角を一致させないと、しっくりこないのだ。ピンクやグリーンで色分けされた地図は、現実世界と似ても似つかない。車が北に向かっていればまだいいのだが、あいにくこのときは南に走っていた。ルースはまたしても地図を回転させる。しばらく黙りこくっていたレイが、たまりかねて言った。

「地図をくるくる回すのはやめろ」

「でも、向かっている方向に一致させないと……」。ルースは弱々しく答える。

「それじゃ文字が読めないだろうが！」

「でもね、レイ。進みたい方向に地図の向きを合わせておけば、通りの名前と地図がちゃんと一致するじゃない！」。ルースも腹が立ってきた。

「もし地図が上下反対に読むものなら、文字は上下逆に印刷するはずだ。つべこべ言わずに、どっちに行けばいいか指示しろよ！」

「どうすればいいか、ばっちり教えたげるわよ！」。ルースは激怒して、地図をレイに投げつけた。「他人まかせにしないで、自分で読むことね！」

この手の言いあいを、あなたもしたことはないだろうか？　人種を問わず、男と女が古来より繰りかえしてきたけんかだ。古くは一一世紀、コベントリーの領主の妻レディ・ゴダイバは、一糸まとわぬ姿で馬に乗ったとき道をまちがえた。ジュリエットもロミオとの逢いびきのあと迷子になっている。クレオパトラは、軍用地図をどうしても読ませたいなら、おまえのアソコをちょん切るとアントニウスを脅した。『オズの魔法使い』に登場する西の国の悪い魔女も、方角がわからず南や北、東へと迷走していた。

それって性差別？

地図を読んで理解するには、空間能力が必要になる。これは男が最も得意とする能力のひとつで、脳をスキャンすると、右脳の前のほうに拠点があることがわかる。狩猟者である男が、標的の速さや動き、距離を見定め、獲物に追いつくにはどれくらいの速さで走らねばならないか、石や槍を使って獲物をしとめるときにどれくらいの力が必要か計算するために、大昔から磨きをかけてきた能力だ。女の脳では、空間能力は左右両方にあるものの、男ほど場所がはっきりしていない。空間能力に長けている女は、全体の一割いるかいないかである。

九割の女は空間能力に限度がある。

生物学的に優れている能力や技能のせいで、男に明らかに有利な職業や作業があるという話をすると、性差別だと言われるかもしれない。だがご安心を。女が得意とする分野については、のちほど述べる。

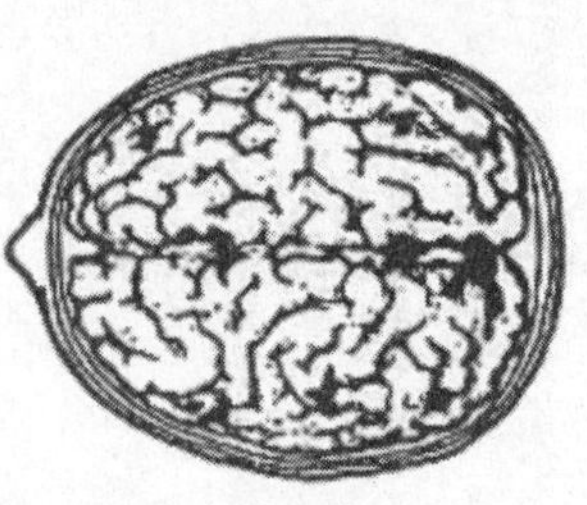
女の脳

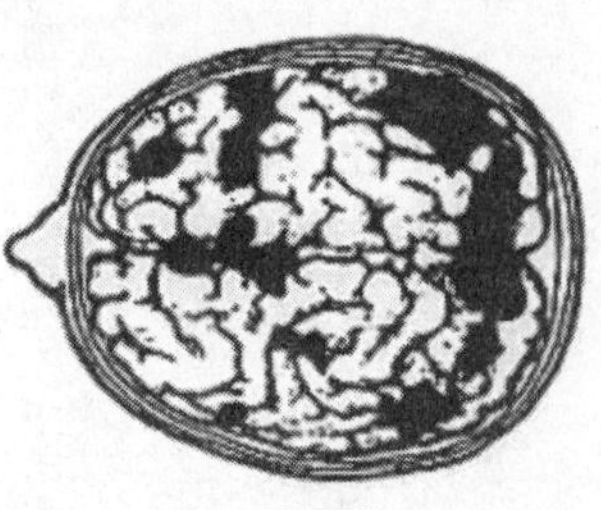
男の脳

空間能力とは?

対象物の形や大きさ、空間に占める割合、動き、配置などを思いうかべること、それが空間能力だ。さらには、対象物を回転させたり、障害を回避しながら進んだり、立体的にものを眺めるといったことも加わる。標的の動きを見きわめて、攻撃のしかたを決めるのが本来の目的だ。

アイオワ州立大学の心理学教授、カミラ・ベンボウ博士は、一〇〇万人以上の少年少女の脳をスキャンして、空間能力を調べてみた。その結果、男女差は四歳にしてすでに顕著であることが判明した。女の子は頭のなかでものを見るとき、二次元でとらえるのが得意なのに対し、男の子はそこに奥行きを加えて立体的に見ることができる。ビデオを使った三次元の空間能力テストでは、男の子は女の子の四倍も高い成績を示し、いちばん成績の悪い男の子でさえも、よくできた女の子を上回っていた。男の脳を調べると、空間能力をつかさどる部分が右脳に少なくとも四カ所、そして左脳にも小さい領域がいくつかあるのがわかる。

女の脳では、脳のなかに、空間能力を管理する特定の領域がないために、女に空間を扱う作業をやらせるとうまくできない。ほとんどの女はそういう作業を楽しいと思わないし、仕事や趣味を選ぶときも、空間能力が求められるようなものは避ける。

男の脳は空間能力の中心がはっきりしているので、空間能力を活用する作業が得意だし、仕事やスポーツもその手のものを好む。問題を解決するときも、男は脳のこの部分を使っている。女の空間能力が優秀でないのは、動物を追いかけたり、遠く離れた場所から家に帰りついたりすることが、本来の職務内容になかったからだ。そのため地図や市街図を読むのが不得意なのである。

女の空間能力が劣っているのは、男以外の生きものを追いかけたことがないから。

男の優れた空間能力を物語る科学的証拠は、それこそ山のようにある。狩人として進化してきたから当然だが、現代の男は、獲物を追いかけなくても昼飯にありつける。そのかわりゴルフやコンピュータゲーム、フットボール、ダーツなど、何かを追いかけたり標的をねらう遊びやスポーツに興じる。ダーツが楽しいと思う女はあまりいない。けれども、もし女の右脳にダーツ用の領域が発達していたら、このゲームを楽しめるばかりか、確実に男を打ちまかせるはずだ。
男は、標的めがけてボールを打ちこむ動きに、たまらない快感を覚える。だからゴルフ、フットボール、バスケットボール、テニスの選手は人気が高く、けた違いの金額を稼ぎだす。スピード、距離、角度、方向を正確に判断する能力さえあれば、学歴がなくても人びとの尊敬をかちとれるのだ。

なぜ男は進む方角がわかるのか

空間能力が優れている男は、頭のなかで地図を回転させ、どっちに進めばよいか判断できる。しかもその情報を蓄積しておけるので、あとで元の場所に戻ってくるときは、もう地図を見なくてもよい。南に向かっているときでも、地図を北向きのまま読むことができる。しかも地図を頭に入れて、それをたどることもできるし、速度や距離を適切に判断して方向を変えることもできる。男は窓のない部屋にはじめて入ったとき、北を正確に言いあてる。遠くまで狩りをしに行った男は、そうやって家の方角を見つけないと生きて帰れなかったからだ。

男は自分の居場所がわからなくても、北の方角だけはわかる。

スタジアムでは、飲み物を買いに行った男たちが迷うことなく自分の座席に戻ってくる。世界の観光地では、途方に暮れた女たちが四つ角で地図を盛んにひっくりかえす光景が見られる。ショッピングセンターの巨大駐車場でも、女性の買い物客が自分の車の置き場所が見つからずに右往左往している。

なぜ男の子はゲームセンターにたむろするのか

世界どこの国でも、ゲームセンターは空間能力を試す若い男の子たちでいっぱいだ。マニュアルを見ながらビデオデッキの予約録画をする実験では、男性被験者の六八パーセントがうまくやれたのに、女性被験者は一六パーセントしかできなかった。ただし男の場合、左目をふさぐと作業能率が落ちる。空間能力がある右脳に情報を伝えるのは左目だからだ。女の場合、脳の両側を使って問題を解決しようとするから、左右どちらを隠しても、うまくできないことに変わりはない。これでは自動車修理工やエンジニア、パイロットに女性が少ないのも無理はないだろう。

先ほど登場したカミラ・ベンボウ博士と同僚のジュリアン・スタンレー博士は、知能の優れた子どもたちを集めて試験を行なった。すると数学で良い成績をおさめた子の男女比は、なんと一三対一になった。平面図をもとにブロックを組みたてるテスト、角度を正確に推測するテスト、面が水平かどうか判断するテスト、そのどれでも男の子のほうがやすやすと、短時間で答えを出した。

こうした能力のおかげで、建築、化学、建設、統計の領域で男は優位に立っている。また手と目を組みあわせて作業することも得意なので、球技もうまい。クリケット、ゴルフ、ラグビー、フットボール、バスケットボールなどは、どれも距離やスピードを推測して手足を動かし、獲物を追いかけたり、ねらいをつけたり、何かを投げたりするスポーツだ。ゲームセンターやスケートボードリンクが男の子だらけなのも納得がいく。たとえ女の子がいるとしても、男の子の気を惹くのが目的だ。しかし彼女たちも、すぐに現実に直面する。男の子はゲームに夢中で女の子には目もくれないのだから。

一九九九年、カナダのオンタリオにあるマクマスター大学で、サンドラ・ウィテルソン博士の率いる研究チームがアルバート・アインシュタインの脳を詳しく分析した。さらに、通常の知能を持っていた男性三五人、女性五六人の脳と、さらにアインシュタインと同じくらいの年齢で死亡した八人の男性の脳も調べて、アインシュタインの脳と比較してみた。すると、アインシュタインの脳は、空間能力をつかさどる領域が左右ともに平均よりも一五パーセントも広いことがわかった。この領域は、数学的な推理能力に関係するところだ。

男の子の脳はどう発達するか

男の子と女の子が両方いる家庭なら、成長のちがいが手にとるようにわかる。男の子は、右脳のほうが左脳より発達が速い。しかも右脳内部の連絡を作りあげるのに忙しく、左脳の成長はしばらく後回しにされる。女の子は左右がバランスよく発達するので、まんべんなく能力が身につく。また脳梁が太いために左右の連絡もよく、いろいろなことが器用にこなせる反面、左手と右手の区別がしづらい。

右脳発達と引きかえに左脳の成長を遅らせ、その結果として空間能力を授けるのはテストステロンというホルモンの働きだ。五～一八歳の子どもを対象に、標的に光線を当てる、三次元の物体を組みたてる、数学的な推理力を使って問題を解決するといった課題をやってもらうと、男の子のほうが成績が良かった。男の場合、こうした課題をこなす能力を右脳に持っている者が全体の八割を占める。

ダイアナと家具

引っ越し業者がトラックから家具をおろして、新居に運びこんでいる。その横でダイアナは巻き尺を手に、家具の寸法をひとつずつ測り、部屋に入るかどうか確かめている。食堂に置くはずの食器棚を測ろうとしたとき、一四歳になる息子のクリフが口を出した。「むだだよ、ママ――大きすぎて食堂には入らない」。はたしてその通りだった。でも、どうしてクリフは見ただけですぐわかったのだろう？　彼は自分の持っている空間能力を活用したのだ。

空間能力を試してみる

アメリカのD・ウェクスラー博士は、性別による偏りを排除した空間IQテストを考案した。そして原始的な部族から近代都市の居住者まで、ありとあらゆる文明に暮らす人を対象にテストを実施してみた。すると、女のほうが脳は小さいにもかかわらず、総合的な知能は三パーセントほど男を上回っていた。ところが迷路パズルだけは、洋の東西を問わず男のほうが圧倒的に強いという結果が出た。得点を高い順に並べると実に九二パーセントを男が占め、女はわずか八パーセントであった。知能の高い女は、迷路パズルなどやっていられない？　いや、このテスト結果は男の空間能力を立証しているのである。

イギリスのプリマス大学が開発した空間能力テストは、パイロット、水先案内人、航空管制官の適性検査にも使われている。このテストでは、二次元情報を使って、頭のなかで三次元の物体を構築することが求められる。その内容を一部紹介しよう。テスト1の展開図を頭のなかで組みたててみてほしい。できた立方体を×の面が右側に来るように置いたとき、模様の配置が正しいものはA～Dのどれだろう。立体的なイメージを頭

テスト1

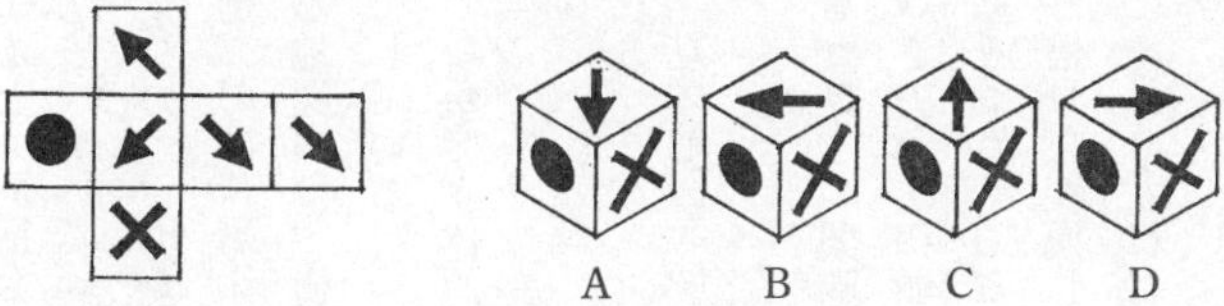

テスト2

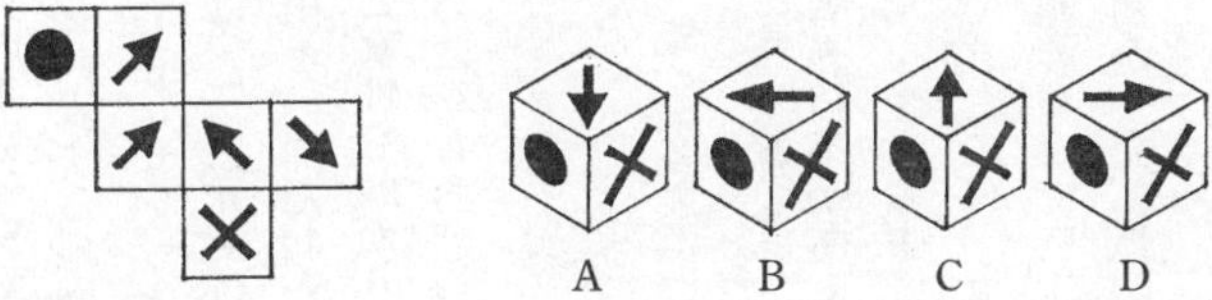

に描き、それを正しく回転させなければ正解は得られない。これこそ、地図や市街図を読みとり、飛行機を着陸させるのに必要な能力なのだ。

答えはA。では次に、さらに難しい問題（テスト2）にも挑戦してみよう。

動物学者の研究では、オスの空間能力が優れているのは人間にかぎらないという。迷路脱出のテストは、オスのラットのほうが得意だし、前に来たことのある水飲み場を見つけるのはオスのゾウがうまい（ちなみにテスト2の正解はC）。

では女はどうやって進む方向を決めるのか

「こういう地図の作りかたをするから、ひっくりかえさなくちゃいけないのよ」と女たちは不満をもらす。しかし英国地図製作者協会によると、同協会の会員の半数は女性だし、地図の作成・編集にあたる人間も半分は女性だという。イギリスを代表する地図製作者アラン・コリンソンも、「地図製作は平面作業なので、男女の能力差はない」と語っている。「多くの女性が地図を読みながら道を選ぶのに苦労するのは、三次元的にものを見る能力が求められるからだ。だから私が作る地図には、樹木や山といったわかりやすい目印を入れて、立体的にとらえられるようにしている。これだと女性もわかりやすい。男であれば、平面に描かれた地図を読み、頭のなかで立体的な眺めに立ちあげる能力を持っているが、女性はそれができないようだ」

立体地図を使えば、驚くほど楽に地図が読めるようになる。

もうひとつ興味深い調査結果がある。チェックポイントごとに、リーダーから次に進むべき方角を口頭で指示を受ける方式のウォークラリーを実施したところ、男性は高い成績をおさめることができたのに、女性は目も当てられない結果になった。男は音声による信号を変換して、頭のなかで三次元地図を描きだし、進むべき方角を判断できるのだ。やはり女には、最初から立体地図を与えたほうがよさそうだ。

どっちが北か知りたいとき

オーストラリアのケイ・コッティーは、女性としてははじめてヨットで単独無寄港世界一周をやってのけた。彼女はまちがいなく、自分がどっちに進んでいるかわかっていたはずだ。

しかし最近開かれた会議でコッティーと話をしたら、彼女も市街図を読むのは苦手だと言った。それでどうして世界一周できたのだろう？「ナビゲーションプログラムよ。コンピュータに入れておけば、正しい方角を示してくれるの。海を眺めながら、『よし、次は左に曲がって……』なんて考えないわけ。でも市街図を読むのは、もっと直感的なことよ。どっちに進んだらいいか『感じて』いないと。だから知らない町では、タクシーで移動することにしてるの。レンタカーを使うと、かならず道に迷うんだもの」

つまりケイ・コッティーといえども、へたをすると海の真ん中で方角がわからなくなる危険性があったというわけだ。だが固い決意と勇気、周到な計画、そして適切なスタッフと装備が揃いさえすれば、ヨットでの世界一周も夢ではないのだ――たとえ市街図が読めなくても。

空飛ぶ地図

私たちは一年のうち九カ月は旅に出ていて、各地でセミナーを開いている。移動はもっぱらレンタカーで、ハンドルを握るのは空間認知に優れたアランだ。バーバラはいちおうナビゲーション役だが、ろくに任務をはたせない。だから私たちは何年ものあいだ、国から国へ、町から町へと移動のたびにけんかを繰りかえしてきた。かんしゃくを起こしたバーバラは、地図をアランのひざの上に投げだし、ときには車から降りてバスや電車に乗ることもあった。「自分で見れば!」の捨てぜりふを残して。

バーバラ・ピーズは方向感覚ゼロだし、

アラン・ピーズは引き出しから自分の靴下を出すことができない。

しかし幸いなことに、空間能力について研究するうちに、この問題に対する二人の態度にも変化が出てきた。自分たちのいっぽうは空間能力を持たず、もういっぽうはそのことが理解できないということがわかってきたのだ。いまでは、事前にアランが地図を読んでおき、バーバラは彼が見過ごしそうな特徴や目印を知らせる。こうして二人の結婚生活は破綻を免れ、放りなげた地図が窓から飛びだし、隣の車に危害をおよぼす危険は回避された。

上下逆地図

一九九八年、イギリスでジョン・シムズ、アシュレー・シムズ夫妻がおもしろい地図を作った。ひとつの地域について二通りの地図、つまり北を上にしたふつうの地図のほか、南を上にしたバージョンも入れたのだ。夫妻が全国紙の週末版に、先着一〇〇名に無料で差しあげると告知を出したところ、一万五〇〇〇人以上の女性と、ひと握りの男性から応募があった。男たちは、上下を逆にしたアップサイドダウンマップをただの冗談だと思ったのだろう、と夫妻は語った。でも女は、いちいち地図をひっくりかえさなくていい点を、高く評価したのだ。グローバル位置把握システム（ＧＰＳ）を使ったナビゲーション装置を車にはじめて搭載したのは、ＢＭＷである。これを使えば車の進行方向に合わせて地図をひっくりかえすことなど、お手のものだ。おそらく女性には大人気だろう。

最終テスト

イギリスの人材・調査会社サビル・アンド・ホールズワースが、航空管制官の適性審査用に開発したテストを紹介しよう。三分以内にできなければ失格。前の二つよりはるかに難しいから、あなたが男なら、右脳の前のほうを充分に熱くしてから取りかかろう。

次ページの平面図を組みたてたときにできる箱の正しい模様を選ぶ。箱の置きかたは四通りあるので、それぞれ選択肢Ａ、Ｂ、Ｃ、Ｄから選んで〇をする。正しい模様がないと思ったら、〇はつけない。

このテストに三分以内で見事答えられる人はほとんど男性で、建築や数学といった三次元能力が要求される職業の人が多い。航空管制官の九四パーセントを男性が占めているのも、これでうなずけるだろう。

女はこの種のテストを時間のむだだと考える。たった九秒で全問正解した女性がいままでひとりだけいたが、彼女は保険数理士だった（正解は1—B、2—D、3—C、4なし）。

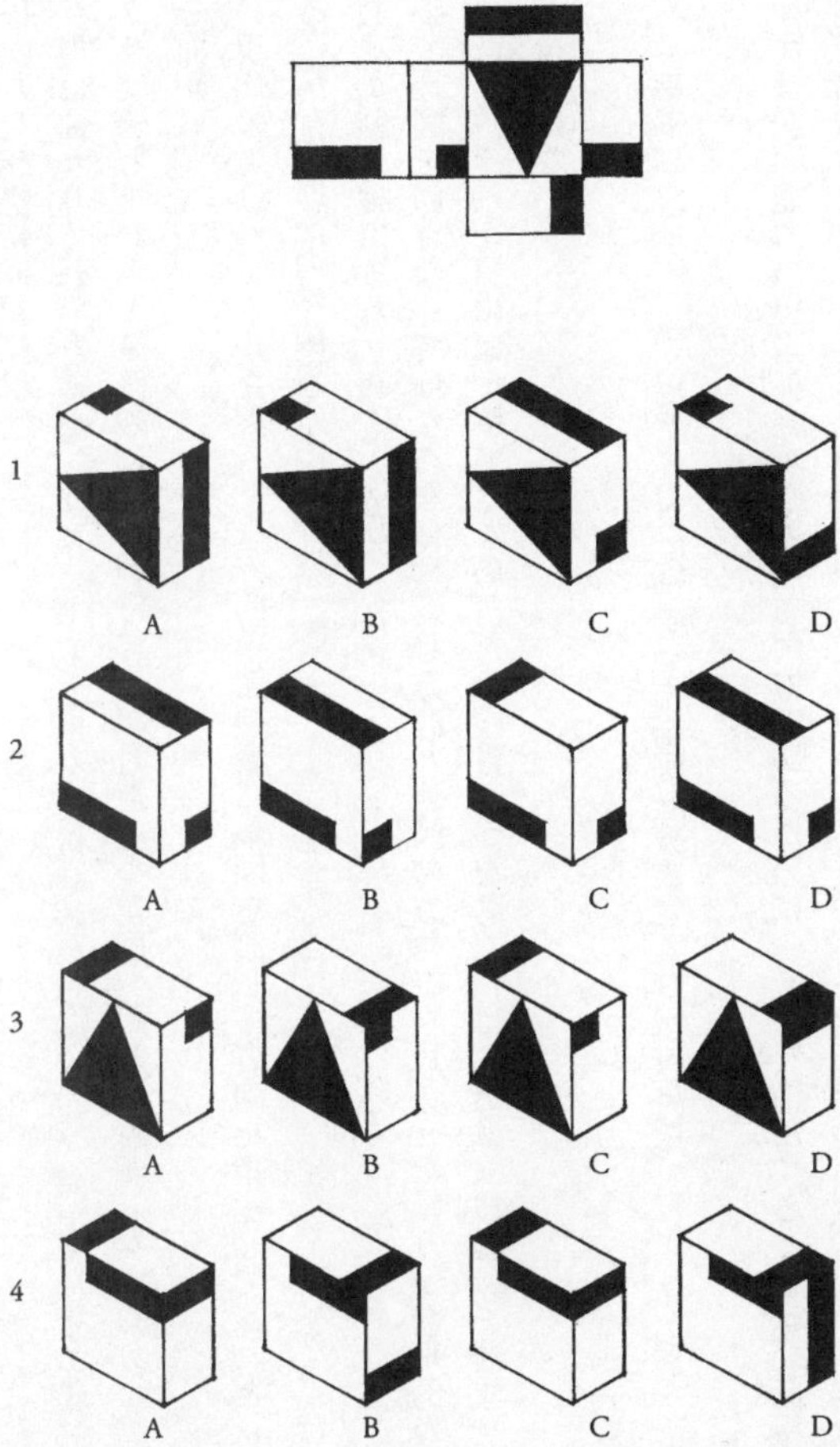

けんかを未然に防ぐには

男は曲がりくねった道を、猛スピードで車を走らせるのが好きだ。ギアを切りかえ、クラッチとブレーキを微妙に使いわけて、相対速度や角度、距離を目測しながらカーブを曲がる。

現代の男はハンドルを握るとき、助手席の妻に地図を渡して方向を指示してくれと言う。だが空間能力に限界のある妻は、黙りこくったまま地図をひっくりかえすばかりだ。自分の無力ぶりが痛いほどわかる。脳のなかで地図を回転させる領域を持たない女は、手で地図を回さなくてはならない。進む方向と地図の方角を一致させたほうが合理的なのだが、それが男には理解できない。だからけんかを防ぐには、男は女に地図を読ませてはいけない。

幸福な生活のためには——女に地図や市街図を読ませてはいけない。

女は空間能力の担当部分が脳の左右両方にあるために、それを活用するときは発話機能がお留守になる。だから市街地図を与えられた女は黙りこみ、地図を回転させるのだ。これが男なら、話は続けるかわりにラジオのスイッチを切るだろう。ラジオを聞く作業と、地図を読む作業は並行してできないからだ。そのため電話が鳴ると、男はみんなを静かにさせてから受話器を取りあげる。

数学の問題を考えるとき、女はもっぱら脳の左側を使っている。計算が遅いのも、声に出して考えるのもそのためだ。そして新聞を読んでいる男は、「黙って計算してくれよ！ うるさくて集中できないじゃないか」と大声をあげることになる。

心穏やかなドライブのために

夫が妻に車の運転を教える――この夫婦は、離婚への道をまっしぐらに進んでいるのと同じだ。こういうとき、男の指示の出しかたは万国共通だ。「左折して――スピードを落とす！――ギアを切りかえて――歩行者に気をつけろよ……泣くんじゃない！」。そもそも男にとって運転の目的は、状況に対して空間能力を発揮することにある。しかし女が運転するのは、二地点間を安全に移動するためだ。だから助手席に座った男は、ラジオのスイッチを入れ、目を閉じて、口をつぐんであれこれ言わないのがいちばんだ。概して運転のしかたは女のほうが慎重なので、目的地には無事に着けるだろう――ただ、時間が少しばかりかかるだけだ。
男の運転に女が文句をつけたくなるのは、空間能力を駆使する男が、危険と思える判断をするときだ。だが過去に事故歴がないのなら、女はあれこれ言わず、全面的にまかせよう。一滴の雨粒がフロントガラスに落ちると、女はすぐワイパーを動かすが、これも男には理解不能だ。男は、フロントガラスについた雨滴が一定量になるまで待ち、しばらくしてからワイパーのスイッチを入れる。つまり脳の空間能力を活用しているのだ。

女の財布を開かせるには

「北に向かって」だの「西に五キロ行って」といった指示のしかたは、羅針盤能力が劣る女には無意味である。かわりに「マクドナルドを過ぎたら、ナショナルバンクの看板が出ているビルに向かって走る」といったように、目印を織りこんで説明しよう。周辺視野の広い女は、たくみに目印を拾っていく。それを考えると、女性顧客に平面図と青写真しか見せなかった建築家や施工業者は、たいへんな額の受注を逃していたことになる。

男なら平面図を見ただけで建物の姿を頭に描くことができるが、女にとって図面は、訳のわからない線がたくさん引かれた紙にすぎない。女性施主には、立体模型や、コンピュータ画像で実物をイメージさせるのが効果的だ。こうすれば女は、図面が読めないことで自己嫌悪に陥らなくてもすむ。図面を見る作業は男にまかせておこう。

男にとっては、地図を参考にしながらハンドルを握っているあいだ、かたわらで女が目印や景色についてあれこれしゃべってくれるとリラックスできる。言語能力が劣っている男にとって、ナビゲーション能力はその代償と言える。つまり新しい恋人の家はすぐに見つけることができても、そこに着いてから何を話せばいいかわからないのが、男なのだ。

縦列駐車の恐怖

通りの脇にずらりと駐車した車を見て、運転手の性別がわかるだろうか？　イギリスの自動車学校が実施した調査によると、イギリス男性の八二パーセントは、舗道の縁石にぴったりつけて車を停めることができるし、七一パーセントは一発で縦列駐車ができるという。しかし女性になると、同じようにぴったり車を停車できる人は二二パーセント、縦列駐車が一発でできる人は二三パーセントしかいない。シンガポールで実施された同様の調査でも、縦列駐車の正確さは男が六六パーセントに対して女が一九パーセント、成功率は男六八パーセント、女一二パーセントだった。

ここから導きだせる結論は……もし運転しているのがシンガポール人女性だったら、すぐにその場を離れることだ！　駐車テクニックに優れているのはドイツ人で、縦列駐車の初回成功率は男性で八八パーセントと高い。

また、自動車学校で勉強しているときは、女のほうが並列駐車がうまいのに、いざ公道に出るとへたになるという統計もある。環境や状況が一定していて、決まった作業を繰りかえすのであれば、女性は飲みこみも速いし、うまくできる。だが実際に道路を走るときは、たえず新しい情報を処理しなければならない。だから空間能力に優れた男のほうが、たくみに対処できるのだ。
女は狭いスペースに車を入れるぐらいなら、少しぐらい離れていても広い駐車場を見つけて、歩いて目的地に行くほうを選ぶ。

女が地方自治体の首長になったら、路上駐車は全面禁止になるだろう。

最近ではイギリスの地方都市の多くが、縁石に対して四五度の角度でうしろ向きに駐車する方式を採用している。こうすれば発車するときただ前進すればいいから、運転手は楽だし安全だ。だが女性ドライバーにとっては、角度と距離を目測するという難題が残ったままだ。この方式を採用している二〇の地方自治体の評議会に話を聞いたところ、意思決定に女性が関わっていない例がほとんどだった。つまり男だけで決めたのである。もし評議会が女だけで構成されていたら、縦列にしろ対面にしろ、路上駐車は全面禁止になっていたはずだ！　そして車を回転させずに駐車できるドライブスルー方式の駐車場を作っているだろう。大きなスペースが必要になるが、事故はぐっと減るにちがいない。

女はセーフティドライバー

二〇〇〇年に、イギリスのドライバー二三〇万人の保険記録を調べてみたところ、過去四年間に保険金の支払請求を行なったのは女性ドライバー全体の二五・五パーセントだったのに対し、男性は一八・六パーセントだった。また無事故払い戻しを受けられなかった、つまり過去一二カ月間に事故を起こしたドライバーは男性で六・五パーセント、女性で九パーセントだった。この数字から、女性は車の運転がへただと結論づけるのは簡単だが、もっと詳しく調べてみると、いささか異なる事情が見えてくる。女は慎重なために、ロータリーで動きだすまでにほんの数秒よけいに時間がかかるし、待つ必要がないときでも待とうとする。この慎重さが、他のドライバーからは優柔不断と受けとめられるのだ。しかし、女は事故の回数こそ多いものの、支払われた保険金額はむしろ少ない。車を軽くぶつけたとか、こすったという軽い事故が多いからである。保険金の支払額が高く、また車をおしゃかにするのは、テストステロンにあおられてアクセルを踏みこむ男性ドライバーのほうだ。むしろ危険なのは、男性ドライバーなのである。また離婚した女は、結婚生活を続けている女より派手な衝突事故を起こしやすいという調査結果もある。

女の誤解

空間能力のちがいはこのように歴然としているが、では女はどうすればいいのだろう? 一部の団体は、男中心社会の呪縛から解きはなたれれば、現在男が圧倒的に多い職種にも女が進出できるというバラ色の未来像を描いている。だがもうおわかりのように、空間能力が必要とされる職種や娯楽に関しては、これからも男優位が続くはずだ。脳の特性から来る生まれつきの向き不向きを考えず、持てる能力とは無関係な仕事や目標にむだな労力を費やす女は、たくさんいる。

教育現場では

これまで見てきたように、男女はそれぞれの脳の配線にしたがって、職種や娯楽に向き不向きがある。では、男女平等が重視される分野のひとつ、教職はどうだろう。オーストラリア、ニュージーランド、イギリスの教育関係者に話を聞くと、男女の教師数を同じにするよう配慮していることがわかった。たとえばイギリスの場合、一九九八年度の教師の男女比は男四八パーセントに対し、女五二パーセントだった。女的な脳はコミュニケーションや対人関係に優れているので、教職に向いている。では、科目別に教員数と男女比を見てみよう。

この表からわかることは二つある。その一。ここに挙がっている科目を教えるうえで、

イギリスの教師の男女比 （1998年度）

科目	教師数	男性（%）	女性（%）
生物	5100	49	51
ビジネス	6400	50	50
歴史	13800	54	46
地理	14200	56	44
社会学	11000	52	48
音楽	5600	51	49
キャリア教育	1900	47	53
人間形成・社会教育	74200	47	53
一般教養	7900	53	47
古典	510	47	53
体育	20100	58	42
宗教	13400	56	44
美術	9400	44	56

左右どちらかの脳が優位になっている必要はない。言いかえれば、高度な空間能力も、左脳の言語能力もさほど求められない。だから男女比はほぼ均等になっている。

その証拠に、立体的にものを考えなくてはならない科目では、男の比率が上がる。

空間能力が必要な仕事

職務をこなすうえで高度な空間能力が不可欠であり、場合によってはそれが人命を左右する職業を次に示す。この一覧を見れば、狩猟能力に長けた男的な右脳との関連が理解できるはずだ。

それでもなお、生まれながらに持つ能力特性など関係ない、と固く信じる人がいるだろう。女性の進出が阻害されているのは、男が「女はダメ」と門前払いしたり、男性中心の労働組合が幅をきかせているからだ、と。だが英国建築家協会の調査によると、大学で建築を学ぶ学生の半数は女性なのに、建築家として仕事をする女性の割合はわずか九パーセントだという。そのなかには、建築家になるより子育てを選んだ者もいるだろうが、全員がそうともかぎらない。会計学を勉強する学生の三八パーセントは女性だが、実際に会計士として活動する女性は全体の一七パーセントしかいないというデータもある。

「どうして航空会社のパイロットには女性が少ないんですか?」という私たちの問いに、航空会社の重役たちはこう答えた。「そもそも、パイロット養成コースに入る女性がいません。女性は飛行機を飛ばすことに興味がないんですよ」。飛行機の操縦には空間能力が大切だということが、おぼろげにしか認識されていない。そのため、コックピットに入るクルーの九八パーセントは男という明白な現実があるにもかかわらず、重役たち

空間能力が要求される職業の男女比

職種	従事者数	男	女	男の占める割合	情報提供
航空機関士	51	51	0	100%	アンセット・オーストラリア航空
エンジニア	1608	1608	0	100%	エンジニア協会
レースドライバー	2822	2818	4	99%	オートレーシングクラブ
原子力技術者	1185	1167	18	98.3%	原子力技術者協会
パイロット	2338	2329	9	99.6%	カンタス・オーストラリア航空
	808	807	1	99.9%	アンセット・オーストラリア航空
	3519	3452	67	98%	英国航空
航空管制官	1360	1274	86	94%	民間航空局
ドラッグカー／バイクレーサー	250	234	16	93.6%	ドラッグレーサー協会
建築家	30529	27781	2748	91%	建築家協会
運行乗務員	19244	17415	1829	90.5%	政府統計
保険数理士	5081	4578	503	90%	保険数理士協会
ビリヤード／スヌーカー選手	750	655	95	87%	ビリヤード協会
会計士	113221	93997	19224	83%	会計士協会

（オーストラリア、ニュージーランド、イギリスのデータを集計。1998年）

は性差に関するコメントに神経をとがらせた。

ここではっきり言えることはひとつだけ——この種の職業に女がいないのは、養成コースを受けないからだ。脳の作りがもともと向いていないから、女たちはそのための勉強をする気にならないのである。

ビリヤードと原子力工学

調査の過程で、ビリヤードのプロ選手にも話を聞くことができた。元世界チャンピオンのある男性は、「プロでビリヤードをやる女性は、男みたいな話しかたをするし、スーツに蝶ネクタイを絞めたりして、身なりも男のようになる」。

女性プレーヤーは、男に溶けこむようにすれば、同じように活躍できると信じている。女性選手の進出を阻んでいるのは、男の態度だというわけである。私たちは女性プレーヤーにもたずねた。「空間能力のちがいはどうですか？　球の相対的な速度や角度、ポケットまでの距離、白球の最終的な位置を予測するといったことですが」。しかし答えは、「そんな話聞いたこともない」だった。女性のプレーヤーが少なく、チャンピオンも出ないのは、やはり男の態度のせいにされてしまった。

「男女に関係なく門戸は開かれています。ただし、採用するときは能力重視ですから」と話したのは、原子力技術者協会の担当者だ。実際に原子力技術者の九八・三パーセントは男で占められている。同協会の調べでは、女性技術者は文字列を、男性技術者は数列を扱うのが得意だという結果も出ている。たしかにそうだろう。文字は人間や人間関係、言語能力と関わりが深いし、数字は物体どうしの空間的な関係を表すものだからだ。チェス、作曲、ロケット工学といった、空間能力と数学的推理力が求められる分野で、過去に女が男を凌駕したことはめったにない。性差別に凝りかたまった暴君たちが女を締めだしてきたからという主張もあるが、男女平等が浸透してきた現代社会にあっても、やはり女性の割合はかなり低いままだ。女は相手を攻撃するより、自分の家を守るほうに興味を持つ。そのことは、脳がはっきり物語っている。

教職、上演芸術、人材育成、文学など、女が優れた能力を発揮するのは、抽象的な推理力が最重要ではない分野だ。男はチェスで活躍すればいいし、女はダンスやインテリアに活路を見いだせばいいのである。

コンピュータの世界では

コンピュータサイエンスは、空間能力が必要な数学を基盤としているだけに、男中心の分野である。とはいえプログラミングやユーザーインタフェースのように、数学よりも人間心理への理解が求められる領域にかぎっては、女のほうが多くなる。

『USビジネス・ウィメン・イン・コンピューティング』という雑誌の調査によると、

一九九三年から九八年にかけて、情報テクノロジー業界に就職する女性の数は一貫して減りつづけているという。その理由として同誌は、情報テクノロジーに関心を持ち、学校で勉強しようと考える女性が減ったからとしている。それでいて、女性が職場でコンピュータを使う可能性は、男性の二倍も高いという結果もある。

コンピュータをたんなる道具、自由に何かを創造するための手段と考える人は、女性では八四パーセントもいるのに、男性は三三パーセントだった。反対にテクノロジーそのもの、つまりプログラムや周辺機器に凝りたがる人は、男性は六七パーセントもいたのに、女性は一六パーセントしかいなかった。

数学と会計学

空間能力が重要な職業では、やはり男が主流だし、支配的な位置を占める。数学教師の大半はいまも男だが、それでも男女の開きは狭まりつつある。一九九八年度のイギリスでは、数学教師の割合は男が五六パーセントに対し、女は四四パーセントだった。

数学を教える女性の割合が高くなっている現象は、どう説明すればいいだろう？　ひとつ考えられるのは、やはりものを教えたり、相手とやりとりをかわしたり、集団をまとめるのは女性が向いているということだ。しかも女性は、基本を身につけようとする姿勢が男性より強い。同じ内容を何度も教えるという点では、数学を含めどんな教科でも女性教師のほうが良い仕事ができることが多い。

女性会計士が増えている現状も、同じ理由で説明できる。昨今の会計士は、顧客の要望をうまく汲みあげなければならず、そういう面は女の得意分野なのだ。大手の会計事務所では、女性会計士が顧客の獲得や対応に追われ、数学的な計算作業は男性助手にまかされていたりすることが多い。しかし空間能力や数学的な推理力だけで勝負する職種では、いまだに男性優位は変わらない。保険数理士の九一パーセント、エンジニアの九九パーセントは男である。

平等ということ

オーストラリアでは、エンジニア関係の職種のうち女性が占める割合はたったの五パーセントだが、平均所得は男性より一四パーセントも高い。つまり同等の空間能力を持っていれば、女のほうが男より優秀ということだ。

自動車が発明されて以来、プロの自動車レースの世界で女性チャンピオンが誕生したことはまずなかった。ただし直線コースを疾走するドラッグレースにかぎれば、選手や優勝者のほぼ一〇人にひとりは女性である。どうしてだろう? ドラッグレースでは、空間能力を駆使して速度や角度、コーナーを目測したり、複雑なギア操作をする必要がないからだ。まっすぐなコースを全速力でつっぱしる。スタートの青信号にいち早く反応して、車をスタートさせた者が勝つのだ――これは女の得意分野である。

空間能力が同等なら、女のほうが有能である。

女性ドラッグレーサーに「男脳・女脳テスト」をしてもらったところ、男脳度が強いことがわかった。しかしドラッグレースの楽しいところはと聞くと、人間関係を重視した答えが返ってくる。「仲間たちがみんな最高だから」「みんながひとつの目標に向かって協力するところがすばらしい」「私たちは親友だから」といったぐあいだ。男性レーサーは、「優勝トロフィーを獲得する」「車を思い通りにチューンナップする」「アクシデントから生還した経験」などを醍醐味だと考える。

男の子とおもちゃ

男の子はおもちゃが好きだ――特許の九九パーセントは男が持っている。女の子だっておもちゃ遊びが好きだが、おとなへの入り口をくぐる一二歳ぐらいから興味を失う。男は何歳になっても、役に立たないが空間能力を刺激するおもちゃに夢中になり、多額の金銭を投じる。ポケットテレビや、自動車型の携帯電話、コンピュータ、ビデオゲーム、デジタルカメラ、芝刈り機、音声でスイッチが入る照明、その他エンジンのあるものすべて。音が鳴って、光がちらちらして、単三電池が六本いるものなら、たいてい男は欲しがる。

女はどう思っているか

男女のちがいをこんなふうに取りあげると、フェミニストや、政治的な正しさを追求してあらゆる差別をなくそうとする活動家から、公平な社会の実現をさまたげると猛反発を食らう。たしかに社会の偏見は、男女それぞれの決まりきった行動を後押しし、拍車をかけているかもしれない。しかしそうしたステレオタイプや、根本的な不平等が男女の行動差を作りだしているわけではない。あえて犯人を名指しするならば、生物学的な特徴、脳の作りのちがいなのだ。しかし女たちは自分のことを失敗作だと思い、男支配をくつがえせない無力感にとらわれている。だがそれは間違いだ。女は失敗作などではない。男的な脳が得意とする分野に、もともと向いていないだけだ。

女であることが失敗なのではない。女は男と同じようにできないだけだ。

女は社会で成功していない？　それは、男の考える成功基準を女にもあてはめた見かただ。だが、大きな会社を経営したり、ジャンボジェット機を飛ばしたり、スペースシヤトルに搭載するコンピュータにプログラムを組んだりすることが、最大の成功だなんて誰が言ったのだろう?

そう言うのは男に決まっている。でもそれは男たちの理想であって、女にも同じように通用するわけではない。

空間能力を伸ばすことはできる?

まず答えを言おう——できる。しかもその方法はいくつかある。空間能力を働かせる知的活動を怠らず、脳の連絡をよくして自然に進化するのを待つのもひとつだ。ただしこれには時間がかかる。生物学者によれば数千年は先のことになるだろう。

男性ホルモンであるテストステロンを投与するのも効果があるが、攻撃性が強くなったり、髪が薄くなったり、ひげが濃くなったりする副作用があるから、女性にはあまりお勧めできない。

特定の作業を何度も繰りかえして練習をすれば、脳のなかでその作業の関連部門の接続がよくなることがわかっている。おもちゃをたくさん入れたケージで育ったラットは、何もないケージで育ったラットより、脳の容積が大きくなるという実験結果もある。それは人間も同じで、現役を引退してぼんやり毎日を過ごしていると脳が小さくなるのに対し、知的な関心を持ちつづける人はむしろ大きくなる傾向がある。ピアノも毎日練習すればじょうずになるように、地図の仕組みを勉強して実際に読む練習をすれば、地図読み能力は向上するはずだ。もっとも、直感的に作業がこなせる脳の配線になっていれば別だが、そうでない人はそこそこのレベルを保つのにもたゆまぬ精進を積まなくてはならない。ピアニストにしてもマップリーダーにしても、もともと脳の配線ができていない者は、ちょっと油断するとたちまち能力が失われ、回復するのにも時間がかかる。

空間能力とひきかえに、はげ頭とひげ面になる——女には高すぎる代償だ。

犬に後ろ脚だけで歩くことを教えこみ、その習慣を長年続けていれば、その犬の子どもも同じことをするようになるだろう。だがそれは、犬本来の歩きかたではないので、多大な努力と苦痛を伴うはずだ。犬はやはり四本脚で歩くのが自然な姿なのである。

ちょっとしたアドバイス

息子を持つ母親や、身近に男性がいる女なら、男たちは空間能力こそ優れているものの、一度にひとつのことしかできないことを知っておこう。彼らは誰かの手助けがないと、宿題を片づけたり、日記をつけたり、きちんとした生活を送れない。ものごとを整理したり、まとめあげる能力は、もともと女に備わっている。アルバート・アインシュタインは空間能力の大天才だったが、五歳になるまでひと言も話せなかったし、人付きあいの能力はゼロに等しかった。そのことは、あのおなじみのぼさぼさのヘアスタイルからも想像がつく。

あなたが男で、建設、設計といった空間能力重視の仕事をしているのなら、女性顧客を説得するには、立体模型が効果的だということを知っておこう。

女性の施主から注文をとりたい？　それなら立体模型を作ることだ。

あなたがエンジニアリング、建築などの職種の人事担当で、女性の採用を考えているのなら、対象になる女性は全体の一割程度だということを知っておいたほうがいい。人口の半分を占めているからといって、すべての女性を視野にいれるのはむだな努力というものだ。

まとめ

この章の冒頭に出てきたレイとルースの夫婦は、その後心楽しく旅行できるようになった。道順を決めて方向を判断するのはレイの役目。ルースは目に入った目印についてあれこれしゃべり、レイはそれをおとなしく聞く。ルースは彼の運転に口を出さない。

空間能力に長けている夫なら、彼女が危ないと思えるようなことでも、安全にやってのけると知っているからだ。

レイは、三〇〇〇ドルもする高機能のカメラを買った。夫がそういう機械に凝る気持ちを、ルースはよく理解している。ルースが写真を撮りたくなったとき、以前のレイなら、電源の入れかたがわからなくてあたふたする妻を見て笑っただろう。でもいまは、レイが準備万端整えたカメラを妻に渡し、どうすればよいショットが撮れるか教えてやる。

レイとルース——現代のラブストーリー

男がナビゲーター役を女に頼むのをやめる——こうすればみんな末永く幸せに暮らせるはずだ。女が男の運転を批判しなくなれば、けんかはもっと減るだろう。男と女はそれぞれ得意分野がちがうのだから、何か不得意なことがあったとしても、くよくよすることはない。練習すればうまくなるが、無理をして自分の人生、あるいはパートナーの人生を棒に振らないように。

「あらやだ、みなさんどうしましょ。この地図によれば、
さっきの大きな山を右に曲がったはずなんだけど……」

第6章　思考、態度、感情

◎災害の発生しやすいところ

コリンとジルは、車でパーティ会場に向かっていた。地図によると、二〇分ぐらいで着くはずの場所だ。だが五〇分以上たっても、それらしいところが見えてこない。コリンはむすっとしたまま運転している。三回目に同じガソリンスタンドが見えてきたときは、さすがのジルも身体の力が抜けた。

ジル「ねえ、あのガソリンスタンドを右に曲がるんじゃないの？　車を停めて聞いてみましょうよ」

コリン「いや、だいじょうぶだ――このへんにまちがいない」

ジル「でももうパーティははじまってるのよ。三〇分も遅刻してるわ。道を聞いたほうがいいって！」

コリン「僕は迷ってなんかない！　僕の好きにさせるか、さもなくばきみが運転を替わるかい？」

ジル「運転なんてしたくない――ただ、ひと晩じゅう同じところをぐるぐる回るのはごめんだって言いたいの」

コリン「よし、わかった。それじゃ家へ帰ろう！」

こういう会話は誰しも覚えがあるだろう。愛する男が、道に迷っただけで突如マッドマックスに変身するのが、女には理解できない。誰かに道を聞けばすむ話なのに、いったいどうしたっていうの？　道がわからないことを、なぜ認められないの？

女は過ちを認めることをいとわない。なぜなら女にとって、過ちを認めることは相手との信頼関係を築き、つながりを強めるひとつの形だから。しかし男はちがう。自分の過ちを認めた男は、インディアンと戦ったカスター将軍を最後に存在が確認されていない。

どうしてモーゼは四〇年も荒野をさまよいつづけたのか？

人に道を聞かなかったから。

知覚のちがい

同じ世界に住んでいても、男と女では見かたがまるでちがう。男は、まるでジグソーパズルのピースをはめていくように、目に映る対象物やその関係を空間内の位置でとらえている。これに対して女はもっと大きく幅広い視野でものごとをとらえ、しかも細部もちゃんと見ている。ただしパズルのピースひとつひとつや、おたがいの関係は、空間内の絶対的な位置ではなく、相対的に把握している。

男の意識は、結果を出す、目標を達成する、地位や権力を手に入れる、競争相手を打ちまかす、「核心をつく」ことが軸になっている。女の意識は、コミュニケーション、協力、調和、愛、共有、人間関係に光が当たっている。このちがいはまさに水と油で、男と女がひとつ屋根の下に暮らせること自体、驚きと言わざるをえない。

男の子はモノが好き、女の子はヒトが好き

女の子の脳は人間や人の顔に、男の子の脳は物体やその形に反応しやすい。生後数時間から数カ月までの赤ん坊を調べると、例外なくひとつの事実が明らかになる。男の子はものに、女の子は人に興味を示すのだ。

男と女が配線の異なる脳で世界を見ていることは、科学的な数値にもはっきり現れている。女の赤ん坊が、人間の顔に注意を向け、相手と目を合わせる時間は男の子の二〜

三倍も長いし、男の赤ん坊は不規則な形・パターンをした動くおもちゃを見る時間が長かった。

生後一二週ぐらいになると、女の子は家族とそれ以外の人間を写真で見わけられるようになる。でも男の子にはまだ無理だ。でも男の子は、そのかわりなくなったおもちゃを見つけるのが得意だ。社会による条件づけがまだ行なわれていない、いわば白紙の状態でも、すでにこれだけのちがいが現れている。片方に物体が、もういっぽうに人間の顔が見えるようにした双眼鏡型の装置を就学前の児童にのぞかせて、どちらをよく覚えているかという実験を行なったところ、女の子は顔とその表情を、男の子は物体とその形を思いだすことが多かった。

女の子は関係と協力を、男の子は力と地位を欲しがる。

積み木で建物を作らせたら、女の子は低く左右に長い建物を作って、そのなかにどんな人間がいるか想像をふくらませる。男の子は、隣の男の子より大きく、高い構造物を作りたがる。走りまわり、跳びあがり、取っ組みあいをしたり、飛行機や戦車になったつもりで遊ぶのは男の子だ。女の子はどの男の子が好きだとか、どの男の子がバカみたいだといったことをおしゃべりする。

幼稚園でも、新しく入ってきた女の子はすぐに歓迎されて、女の子どうしすぐに名前を覚えるが、新入りの男の子に対して、男の子たちは最初関心を示さず、使えそうなやつだとわかったところで序列関係に組みこむ。一日いっしょにいたくせに、男の子たちは新入りの子の名前も知らなかったりするが、遊び相手として有能かどうかはちゃんと判断している。女の子は知らない子でも歓迎し、受けいれて、ハンディキャップや障害を持つ者にもやさしく接するが、男の子は仲間はずれにしたり、いじめたりする。

いくら男の子、女の子を分けへだてなく育てようと親が努力しても、脳のちがいによって好みや行動ははっきり分かれてくる。四歳の女の子にテディベアを与えたら、そのぬいぐるみは大切な友達になるだろう。男の子だと、ばらばらにして造りを確かめたあと、すぐにどこかにうっちゃって次のおもちゃに興味を移す。

男の子は物体とその仕組みに、女の子は人間とその関係に興味を持つ。おとなでも結婚当時の思い出を語るとき、女は厳粛な式と出席者のことを、男は「独身最後のバカ騒ぎ」について話すだろう。

男の子は競いあい、女の子は協力しあう

女の子の集団をはたから見ていても、誰がリーダーなのかわからない。女の子がおしゃべりするのは、結びつきの強い弱いを示すためであり、ひとりひとりが秘密を共有す

る親友を持っている。だからみんなの上に立とうとする子は、「何さまだと思ってるの」「えらぶっちゃって」と言われて仲間はずれになる。

これに対して男の子の集団は階層がきちんとできていて、断定的、命令的な話しかた、身ぶりからリーダーが誰なのか一目瞭然だ。男の子集団では権力と地位が不可欠で、それを手に入れるには優れた技能や知識を持つか、ほかのメンバーに断固としてものを言えるか、よそ者を撃退する力がなければならない。

女の子は先生や友人たちと友好関係を築きたがるが、男の子は先生に反抗したがる。世界の仕組みを空間的に探るのが好きで、徒党を組んだりしない。

話の内容も男女でちがう

年齢を問わず、男だけのグループ、女だけのグループが話すのを聞いていると、同じ話題でもこれほど内容がちがってくるのかと思うだろう。

女の子集団は、誰が誰を好きで、誰と誰が仲が悪いといった話が中心だし、絆のしるしとして秘密を共有したがる。一〇代の女の子の話は、男の子のこと、体重、洋服、友達のことで持ちきりで、おとなの女にしても、ダイエット、付きあい、結婚生活、子ども、恋人、性格、洋服、他人の行動、職場の人間関係など、とにかく人間にまつわることが話の中心だ。

	女性(%)	男性(%)
友人のこと	53	30
セックスや異性関係のこと	22	18
仕事のこと	11	25
スポーツのこと	2	16
その他	12	11

男の子たちは、誰が何をした、あいつはこれが得意だとか、これはどんなふうに動いているといったこと、つまりものごとや活動について話したがる。思春期に入ると、スポーツやメカ、ものの機能が話題になる。おとなになると、スポーツ、仕事、ニュース、何をした、どこへ行った、テクノロジー、自動車、機械のあれこれについて語りあう。

一九九九年、イギリスの電話会社テレウェストが利用者一〇〇〇人を対象に、電話でどんなことを話すのかという調査を実施した。その結果をまとめたのが上の表である。

また通話時間を調べると、女性利用者の三分の一が最低一五分はしゃべっており、男性は五分未満が半数を占めた。

男とワイ談

男は寄るとさわるとセックスの話ばかりしている

と思われているが、実際はそうではない。もし男が、ゆうべベッドで何をしたかということをこと細かに話しはじめたら、友人たちは黙りこむか、その場から離れてしまうだろう。それは相手の女性に失礼だからという配慮ではなく、回数とかモノの長さなど、男としてあまり直視したくないデータがからんでくるからだ。だから男は、セックスのことは冗談にすりかえて話すのを好む。

男の友情が、共通の趣味や目標に向かう並列型だとすれば、女の友達づきあいは感情を分かちあう対面型だ。女はおたがいの個人的な事情をよく知っているから、けんかになったときはそれを武器に容赦なく攻撃する。またセックスの話になったときも、遠慮するということがない。回数やサイズはもちろん、テクニックやことの手順に至るまで包みかくさず、ときにはどぎついぐらい露骨に語りあう。

現代の男と女が求めるもの

西欧五カ国で最近実施された調査で、成人男女に、自分はどんな人間になりたいかという理想像を、形容詞をたくさん並べたリストから選んでもらった。男性回答者に多かった答え。「大胆な、競争に勝てる、有能な、支配力のある、断固とした、賞賛される、実際的な」。女性回答者が選んだ答え。「温かい、愛される、寛大な、思いやりのある、魅力的な、友好的な、惜しみない」。また人生でどういうことを重視するかという質問

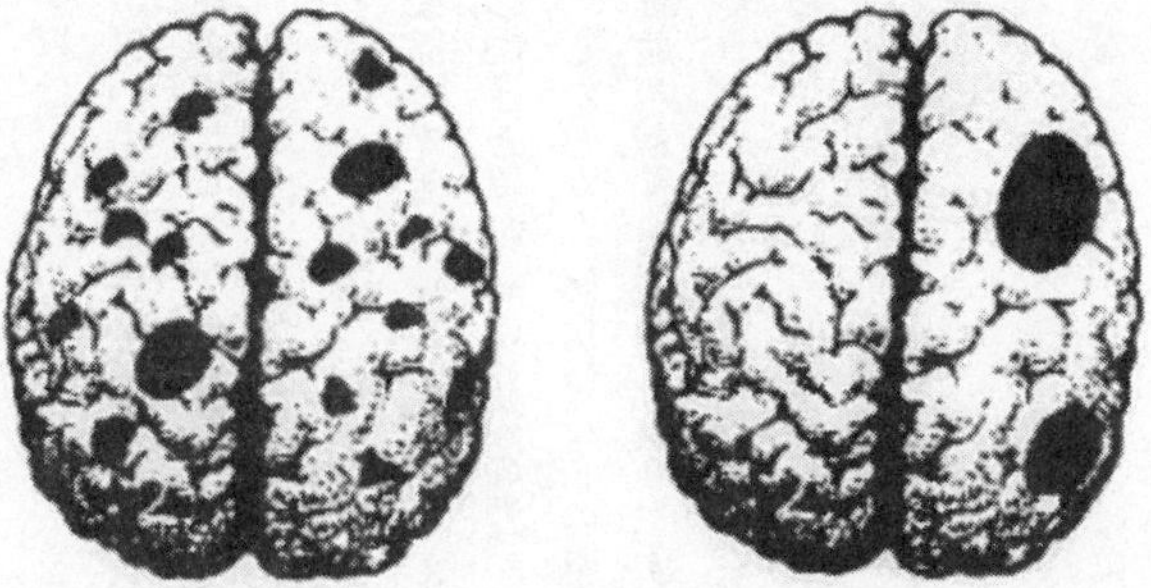

女の脳　　男の脳

に対して、女は誰かの役にたつこと、興味深い人に出会うことと答えたのに対し、男は名声、権力、所有することを重視した。やはりここでも、男はものを、女は関係を重んじていることがわかる。これも脳の配線のちがいだろう。

感情のみなもと

カナダの研究者サンドラ・ウィトルソンは、脳のなかで感情が発生する場所を突きとめる実験を行なった。感情をかきたてる映像を、最初は左目と左耳経由で右脳に届けてから、次に右目と右耳を経由して左脳に見せる。

ＭＲＩのスキャン画像を見ると、男の感情は右脳の二カ所の領域に集中しているのに対し、女の感情領域は左右両方の脳に広く分布していることがわかる。また最新の研究では、感情はニューロペプチドと呼ばれるアミノ酸の形で、体内のさまざまな臓器にも存在するらしいことがわかってきた。脳のスキャン画像に現れる感情の中枢は、ニューロペプチドを遠隔操作しているのである。

男の場合、感情の中心が右脳にある。つまり、脳のほかの働きとはある程度独立して機能しているということだ。

たとえばけんかをしているとき、男は感情を高ぶらせることなく、論理や言葉を操り（左脳）、立体的な思考で解決策を見いだす（右脳の前部）ことができる。感情だけ小さな部屋で孤立していると考えればよい。左右の脳をつなぐ脳梁も細いので、感情はほかの働きと連動しにくいのだ。

しかし女の感情は左右の脳に広く分布していて、ほかの機能と連動している。だから議論のとき感情的になりやすい。男はなかなかそうならないし、もし感情が激しくなりそうだったら、議論そのものをやめてしまう。こうして男は感情的になることを避ける。言いかえれば、取りみだした状態を人目にさらさなくてすむのだ。女の感情は、脳のほかの働きと同時にスイッチが入る。だからパンクしたタイヤを交換しているときに涙を流すことができる。男にとってタイヤ交換は、問題解決能力のテストみたいなものだから、たとえどしゃ降りの雨のなか、車一台通らない道で、スペアタイヤまでパンクしていることがわかり、おまけに先週ジャッキをトランクから出したまま戻していないことを思いだしても、ひと粒の涙もこぼれない。

男は感情が高ぶると攻撃的になるが、女は「話しあう」のを好む。

ペンシルバニア大学の神経心理学教授、ルーベン・ガーはこの種の研究の第一人者だ。教授によると、男の脳は機能ごとの区分けがはっきりしているため、感情への処しかたは下等な動物レベルでしかなく、言ってみれば敵を反射的に攻撃するワニ並みだという。しかし女は感情的になっても、顔の表情、身ぶり手ぶり、多彩な話しかたを使って話を続けようとする。男はいざ感情への回路がつながると、突然、爬虫類になってわめき散らし、攻撃的になるのだ。

女は関係を、男は仕事を大切にする

人類の進化というスクリーンのなかでは、現代社会はちらっと点滅する一点の光にすぎない。男と女は何十万年ものあいだ決まった役割で生活してきて、脳の回路もそれに合うように発達してきた。しかし現代社会では、その回路が逆に人間関係をややこしくし、誤解を生みだしている。

男は仕事と業績で、女は人間関係で自分の価値を決めたがる。いままでは食べ物を調達し、問題を解決するのが男であり、それが生きのこるための最重要問題だった。女は巣を守り、次世代を確実に残すことが務めだった。一九九〇年代に何度となく行なわれた男女の価値観調査でも、国に関係なく男の七～八割は、人生でいちばん大事なのは仕事だと答えている。女の七～八割は家族をいちばん大切に思っていた。

人間関係に悩みがある女は仕事に集中できないし、仕事に行きづまっている男は人間関係にまで気がまわらない。

ストレスやプレッシャーを受けている女は、苦労している自分を慰めるために夫や恋人と話をしたがる。だが男にしてみれば、それは問題解決プロセスの障害でしかない。女はおしゃべりして、抱きしめてもらいたいのに、男は安楽椅子にひとり座り、暖炉の炎を静かに見つめていたいのだ。女から見れば、そんな男は薄情で無関心に映るし、男にとって女は訳知り顔でうっとうしい存在になる。

こうした感じかたのちがいは、脳の構造や優先順位のちがいなのだ。だから女は夫や恋人について、私との関係を大事に思っていないのねとぐちる――まさにその通り。このちがいを理解しておけば、おたがい無用のプレッシャーから解放されるし、相手のふるまいを容赦なくなじらなくてもすむ。

なぜ男は「何かしたがる」のか

男の脳は、対象とその関係、空間的な関連、働きを評価・理解して、問題を解決するように作られている。つまり人生で直面する課題に対して、「どう処理するか？」と反応するプログラムが組みこまれていて、その「処理する」という行動基準をすべてに当てはめようとする。もっと愛情を示してほしいと妻に言われた男は何をしたか――芝を刈った。彼にとっては、芝刈りが愛情表現だった。それでも不満だと妻が言うので、男は台所のペンキを塗りかえた。まだ効果がなさそうなので、男は妻をフットボール観戦に連れていった。

女は腹が立つと友人に電話をかけて思いをぶちまけるが、男は腹を立てると車のエンジンをいじくったり、水もれする蛇口を直したりする。

男は女への愛の証しとして、
世界一高い山にのぼり、世界一深い海にもぐり、世界一広い砂漠を横断した。
だが女は男を捨てた――男がちっとも家にいなかったから。

女は愛やロマンスに夢を託すが、男はスピードの出る車や大きなコンピュータ、ボート、オートバイに夢を描く。男が好きなのは、自分が操作して空間能力を試せる、つまり「何かする」ものばかりだ。

なぜ男女は別れるのか

男には、女に与えたいという本能的な欲求がある。自分の努力が女に評価されてこそ、成功したと言えるのだ。だから女が幸せなら、男は満足する。女が幸せでないと、男は与えかたが充分でないと思って挫折感を覚える。だから男はよく「彼女を幸せになんかできっこない」と同性の友人にこぼす。そして、自分の与えるもので満足してくれる女とのあいだに、新しい関係を求めるのだ。

でも女が男を捨てるのは、男の与えるものに不満だからではない。精神的に満たされないからだ。

女が欲しいのは愛、ロマンス、そして会話だ。でも男は、自分は成功していること、女に充分に与えていることを、女にははっきり言ってもらいたい。だがそのためには、男はすぐに答えを求めようとしないで、ロマンチックになったほうがいいだろう。

男はまちがえることが大嫌い

男はまちがえることが大嫌いだ。その理由を探るには、男のそんな態度がどこから来ているか考える必要がある。洞穴に暮らす家族が、たき火を囲んで腰をおろしている。女と子どもは、もう何日も食事にありついていない。だから天候が変わったら、男は狩りに出かけなくてはならない。食べ物を見つけるまでは戻ってこない覚悟だ。それが男の役目だし、家族はみんな男を頼りにしている。妻も子どもも腹ぺこだが、男なら獲物をとってきてくれると信じている。だが男は胸がざわつき、不安でたまらない。はたして今度も成功するだろうか？ 失敗して、家族を飢え死にさせるのではないか？ 男は表情の抜けおちた能面のような顔で、ひたすら外を眺めている。ぜったいに恐怖を悟られてはならない――家族をがっかりさせることになるから。強くならなければ。

男にとって失敗とは、敗北にほかならない。

失敗したと思われたくない気持ちを一〇〇万年抱きつづけた結果、男は脳のなかにそれをプログラミングしてしまった。たいていの女は知らないが、もし男がひとりで車を運転していて道に迷ったら、素直に停車して誰かに聞くはずだ。しかし女がいれば話は別だ。男は自分のことを、彼女を目的地に連れていけなかった敗北者のように思ってしまう。

「誰かに道を聞きましょうよ」と言う女の言葉は、男には「あんたばかじゃない――行きかたひとつわからないわけ?」と聞こえる。「蛇口が水もれしてるの――水道屋さんを呼びましょう」と言われると、「この役たたず――いいわよ、ほかの男にやってもらうから」と聞こえる。男が「ごめんなさい」と言えないのも、理由は同じだ。謝るのは自分が悪いと認めることであり、悪いと認めることは敗北なのだ。

では女はどうすればいいだろう? 問題点を話しあうとき、男がまちがっていると思わせないことだ。誕生日に自己啓発の本を贈っても、「俺はまだだめな男なのか」と解釈してしまうのが男なのだから。

男は批判されることを嫌う。だから処女と結婚したがる。

男は男で、女の言葉を個人攻撃と受けとめず、本来の意図を正しくとらえるよう努力するべきだ。男のまちがいを指摘することが、女のねらいではない。愛する男にもっと良くなってもらいたいと思っているからだ。だが男は、女に何か言われると、自分が無能だと感じてしまう。誤りを認めたくないのは、女に愛想をつかされるのが怖いからだ。

でもほんとうは、率直に自分が悪いと言える男を女は愛する。

なぜ男は気持ちを隠すのか

勇敢であれ。弱みを見せてはならぬ。現代の男は、そんな祖先伝来の気質にいまも縛られている。だから女はこうこぼす。「どうしてあの人はいつも強がるの——どんな気持ちなのか正直に言ってくれたらいいのに」「彼は怒ると黙りこんでしまって、取りつく島がないの」「夫自身のことで本人と話しあおうと思っても、ぜったい応じないんだから」

疑いぶかく、競争心が強く、取りみださず、防御の構えを崩さない生まれついての一匹狼。そんな男にとって、感情的になるのは自制心のない証拠だ。さらに「男らしくふるまいなさい」「堂々とした顔をなさい」「男の子は泣かないの」といった社会からの条件づけが拍車をかける。

しかし女は、もともとオープンで、信頼を寄せ、協力的で、弱みを見せたり感情を素直に表すように脳が配線されている。いつだって平然とすましている必要はないことも知っている。こうして男と女がともに問題に直面すると、それぞれ相手の反応にとまどうことになる。

男は男どうしで群れたがる

原始時代の男たちは、自分より大きくて強い獲物をしとめるために、狩猟チームを編成していた。優れた空間能力でフットボールさながらのフォーメーションを作りあげ、ボディランゲージを駆使して、狩猟戦略を実行に移したのだ。

狩猟チームのメンバーは男だけで、狩りはいわゆる「男の仕事」である。女はというとたいてい妊娠しているので、子どもを育てたり、果実を採ったり、家事をしたり、家を守るのが「女の仕事」だ。集団で狩りをしたいという強い衝動は男の脳に染みこんでいて、一朝一夕に消せるものではない。だから男たちはパブやクラブに集まり、現代の狩猟活動について冗談を飛ばしたり、自慢話をひとしきりする。そして家に帰ったら、ひとり静かに座って暖炉の炎を眺めたがる。

男はアドバイスが大嫌い

男は自力で問題が解決できると感じていたいし、他人と話しあうことは相手に負担をかけると考える。だから、自分より良い解決策を出してくれそうなとき以外は、親友にさえも悩みを打ちあけない。

向こうから求められないかぎり、男にアドバイスしないこと。あなたならきっと解決できるはずよ、と信頼感を表すだけにとどめよう。

どんな気持ちなのか、何を悩んでいるのか女が聞きだそうとすると、男は抵抗する。批判されていると感じるし、自分は無能で、彼女のほうが良い解決策を持っていると思うからだ。だが女の言い分はちがう。アドバイスすることで彼の気持ちを楽にしてあげたいし、相手と信頼関係を築きたいだけで、男のことを弱虫だとはちっとも思っていない。

そのくせ男は解決策を出したがる

男の頭脳は論理的で、問題解決に向いている。会議室やレストランに足を踏みいれた男は、まず部屋をざっと見まわす。そして修理すべきところ、まっすぐに直さなくてはならない絵を目ざとく見つけ、部屋のレイアウトにまで改善策を考える。

問題解決マシンである男の脳は、休むことを知らない。病院で死を目前にしていても、こうすれば自然光がもっと入るし、田園風景が窓から眺められるのに、と考えている。

女が悩みについて話すのは、ストレス軽減策にすぎない。聞いてもらいたいだけで、解消してほしいとは思っていないのだ。

女が悩みを打ちあけはじめると、男は話をしょっちゅうさえぎって解決策を提示する。脳がそういう作りになっているし、解決策があったほうが女の気が楽になると思うから、どうしても口を出してしまうのだ。だが女はただしゃべりたいだけなので、彼の提案を無視する。無視された男は、自分が無能な敗残者になったと思うか、女の悩みは自分のせいではないかと邪推する。しかし女は「答え」が欲しいわけではない。ただ話を聞いてくれる相手が欲しいだけだ。

女はストレスでしゃべる

ストレスがたまったり、強い重圧を受けたとき、男の脳は、空間能力や論理といった基本機能が活発になる。女のほうは言語機能が盛んになって、とめどなくしゃべりだす。ストレスがたまればたまるほど、女はしゃべって、しゃべって、しゃべりつづける。女友達を相手に、悩みをこと細かに説明し、過ぎてしまったことにも綿密な検討を加える。いまの悩み、過去の悩み、起こるかもしれない悩み、解決しようのない悩み、そのすべてが話題になる。そうやってしゃべることで心を落ちつかせ、気晴らしをしているわけで、答えを探しているわけではない。話しぶりには脈絡がなく、一度に複数のテーマを並行させて、いずれのテーマにも結論が出ないことだってしょっちゅうである。

女が友人に悩みを打ちあけるのは、信頼と友情のしるし。

女のそういう話を聞かされるのは、男には苦痛だ。というのも、問題解決の役回りを期待されていると思うからだ。男はただしゃべるということができない。具体的な行動をせずにはいられないのである！　だから女の話をさえぎっては、「要するにどういうことなんだ？」と聞く――「要するに」とまとめようとせず、ただ耳を傾けることがほんとうは重要なのだが。ぜひ男が学ぶべきは、あいづちを打ったり、身ぶりをまじえてひたすら聞き役に徹することだ。伝えるべき解決策があるときしか口を開かない男にとっては、発想の一大転換だろう。

女が興奮してしゃべっているとき、解決策を提案したり、感情を踏みにじるようなことを言ってはいけない――話を聞いているというそぶりを前面に押しだすことだ。

自分の提案を拒否された男が次にやるのは、「そんなの関係ないさ」「大げさに考えすぎだ」「もう忘れたら？」「たいしたことない」と言って、女の悩みを過小評価することだ。そんな言葉を聞いたが最後、女は逆上する。

男はストレスで黙る

女は頭の外側で、男は頭の内側でしゃべっている。発話のための決まった領域を持たない男にとっては、そのほうがものを考えるのに都合が良い。だから女が誰かほかの人に向かってしゃべるのに対し、男は自分自身に話しかけている。

プレッシャーやストレスを受けた男が、黙りこくってしまうのもそのためだ。問題を解決し、答えを見いだすのに右脳を働かさなくてはならず、そのあいだ左脳はお留守になる。何といっても「一度にひとつ」のことしかできないのだから。考えるのとしゃべるのを同時にはできない。

しかし女から見ると、その沈黙が恐ろしいし、悩みの種である。「ねえちょっと、何を考えてるのか聞かせてよ。しゃべればあなたもすっきりするから！」と夫や息子、兄弟たちをうながすのは、ほかならぬ自分が話すとすっきりするからだ。しかし男たちは、解決の糸口が見つかるまでひとりにしてもらいたい。ましてや他人に相談するのは、弱みをさらすことになるから、もってのほかなのだ。

ロダン作の有名な彫刻「考える人」は、男の象徴だろう。男はみんな、ひとり腰をおろして、静かに考えごとにふけりたいのだ。ここで大事なのは「ひとり」ということ——たとえ無二の親友でも、隣に座ってほしくない。いや、同性の友人なら隣に行こうなどとは思わないだろう。男を慰めようと隣に腰かけ、冷たく無視されてショックを受けるのは決まって女だ。

男は問題を解決するために、ひとり石に腰かける。
女があとを追いかけても、蹴りおとされるのが落ちだ。

ロダンが女の彫刻を作ったなら、タイトルは「しゃべる人」になっただろう。男には石に腰かけて考えこむ時間が必要なのだ。そのことを女は理解してやる必要がある。男が黙りこむと、たいていの女は愛がなくなったとか、自分に腹を立てていると考える。それは女が黙るのは、腹を立てたり逆上したときだけだからだ。石の上に座りこんだ男に無理にしゃべらせようとせず、お茶の一杯にビスケットでも添えてそばに置いたら、あとは放っておこう。解決策が見つかって気が晴れたら、男は自分から降りてきて、話をはじめるにちがいない。

空間能力を使って悩みを解決

ロダンの彫刻のように石に座りこむだけが、考えるポーズではない。新聞や雑誌を広げる、釣り、テニス、スカッシュ、ゴルフをする、何かを修理する、テレビを見るのも、男には考える手段なのだ。重圧に苦しむ男は、仲間を誘ってゴルフをしたりする。ただプレイ中はほとんど言葉をかわさない。ゴルフは右脳の前のほうをよく使うスポーツだ。空間能力を働かせることで、同じ右脳を使って行なう問題解決の作業もスピードアップさせているのだ。

チャンネルをしょっちゅう切りかえる男たち

リモコンでチャンネルを頻繁に切りかえるのは、女にいやがられる男の癖の代表だ。ゾンビのように座りこんだまま、とりたててどの番組を見るでもなくかちかちリモコンを操作している。こういうときの男は、気持ちのうえでは「考える人」になっている。だからどのテレビ局で何をやっているか把握しておらず、それぞれの番組の大まかなところをとらえようとしているだけだ。チャンネルをしょっちゅう切りかえていれば、男は自分の問題をひととき忘れ、ほかの人間の悩みについて解決策を考えることができる。しかし女はそういうことはしない。番組をちゃんと見て、ストーリーを追いかけ、登場人物の関係や感情を理解する。

男にとっては、新聞を読みふけるのもチャンネル切りかえと同じ意味がある。そんなときの男は、外からの音が耳に入らないし、何を言われても覚えていない。だから話しかけるだけむだということを女は肝に銘じておこう。話を聞いてもらいたければ、日時を決め、事前に議題を伝えておくのだ。一〇〇万年前の男も、表情の抜けおちた顔で、岩に腰かけて地平線を眺めていたはずだから、現代の男が同じことをしたくなるのも当然なのだ。

息子の口を開かせるには

洋の東西を問わず、息子のだんまりは母親の頭痛の種だ。娘だったら、学校から帰ってくるなり一切合財、どうでもいいことまでしゃべるのに。男は「何かをする」ようにプログラミングされているから、話を聞きだすコツもそこにある。ペンキ塗りでも、コンピュータゲームでも、運動でも何でもいいから、いっしょに「何かやる」のだ。男の子は自然とおしゃべりになるだろう。

男の子はまじまじと目をのぞきこまれるのが嫌い。でもママはそうしたくてたまらない。

何か活動をしていれば、相手とあまり目を合わさなくてもすむから気が楽だ。男の子は一度にひとつのことしかできないから、しゃべっているときは手がお留守になるが、それでもよしとしよう。この作戦はおとなの男にも使える——ただし電球を交換しているときは、危ないから話しかけないように。

ストレスがたまると

男は緊張が極限に達すると、酒をあおり、遠くに逃げだす。女は煮つまってくるとチョコレートをドカ食いし、ショッピングセンターに逃げこむ。重圧を受けている女は何も考えずにしゃべり、男は何も考えずに行動を起こす。だから刑務所に入るのは九割が男で、セラピストにかかるのは九割が女なのだ。

男と女がどちらもプレッシャーに苦しんでいるときは、何とかしようとすればするほど、感情の地雷原に足を踏みいれることになる。女はいらいらするとしゃべりたくなるが、とめどなく話を続ける女に、男はなすすべもなく、女がしゃべるよううながすのは最悪の試みだ。男の気持ちを楽にしてやろうと、自分のいらいらが募るばかりだ。男はほっといてくれと言いのこし、別の場所に行ってしまうだろう。女はストレスがたまるとしゃべりたくなる。そんなとき男は、よけいな提案などしないでただ話を聞いてやろう。

男が石のうえに座りこんで考えにふけりはじめると、女は見捨てられた、愛されていないと感じて、母親、姉妹、女の友達に電話をかける。

殻に閉じこもる男たち

ストレスを感じたときの男と女の反応はこんなにちがうのに、世間ではそのことがほとんど理解されていない。ストレスがたまりにたまっていたり、深刻な問題を解決しなければならないとき、男は他人を完全にシャットアウトする。脳のなかで、感情をコントロールする部分との連絡を断ち、口をきかなくなって、ひたすら問題解決に専心する。

完全シャットアウト状態に入った男は、女にとって恐ろしい存在だ。というのも、女はめったなことで他人を拒絶しないからだ。そうなるのは、傷つけられたり虐待を受けた、嘘をつかれたときなど、よほどの場合に限られる。女は男にも同じことが起こったと思い、あの人を傷つけただろうか、彼はもう私のことを愛していないのだと悩む。女は何とかして男の口を開かせようと画策するが、男は拒否するだろう。そのとき男は、自分の問題解決能力が信用されていないのだと感じる。

男は男で、女が傷ついて黙りこむと、ひとりにさせてやろうとパブに出かけたり、車のキャブレターの掃除をはじめる。男がシャットアウト状態になったら、放っておけばいずれ元気になる。だが女はちがう。女が沈黙したら、それは良からぬことが起こっている証拠であり、男は徹底的に話を聞かなくてはならないのだ。

女を放っておく男たち

女がプレッシャーや悩みを抱えていると気づいた男は、同性に対するのと同じ態度で接する——問題を解決するために、ひとりになれる時間と場所を与えてやるのだ。男が

「だいじょうぶかい？」とたずねても、女は「ええ——だいじょうぶよ」としか答えないだろう。しかしその言葉の背後には、「私のことを愛しているのなら、もっと詳しく聞いてちょうだい」という意味が込められている。なのに男は、「それならいいんだが」と言ったきり、コンピュータの画面に戻ってしまう。置いてけぼりの女は「この人ってなんて無神経で情が薄いのかしら」と思い、女友達に電話をかけて、男がいかに鈍感かをとうとうと語るのだ。

はるか昔の男は、いまの男が直面しているような問題とは無縁だった。妻をはじめ家族への愛を示すには、いつもやっていること——仕事に出かけて、「ベーコンを持って帰る」ことをしていればよかった。何千年も同じことを繰りかえしてきた結果、この営みは男の血肉となった。しかしいままでは、労働力に占める女性の割合が五〇パーセントを超える国がほとんどであり、家族を養う役割が男だけにまかされる時代ではなくなっている。逆に言えば、いまの男は本来持っていないはずのコミュニケーション能力を求められているのだ。

なぜ男は、感情的になった女に手こずるのか

感情が高ぶった女は涙をぼろぼろ流し、激しい身ぶり手ぶりで、ありとあらゆる形容詞を使って自分の気持ちを表現しようとする。こういうときの女は、子どものように接

してもらいたいし、話に耳を傾けてほしいのだ。それなのに男は、自分の基準で女の行動を解釈するから、女はたまらず「助けて——私の悩みを何とかしてよ！」と叫ぶことになる。

ここでも男は、慰めと安らぎを与えるのではなく、アドバイスをすることに懸命になって、あれこれ問いただしたり、取りみだすなと言ってしまう。「泣くのをやめるんだ！　きみは大げさすぎる。そんなにひどい話でもないじゃないか！」と険しい表情で諭すのだ。

こういうとき男は、女に対して父親のように接している。木からおりて二足歩行をはじめたときから、男は自分の父親や祖父をお手本にして、誰に対しても父親然としてふるまってきた。感情を表に出すのは女にとってコミュニケーションの一手段なので、たとえ取りみだしてもすぐ元に戻るし、忘れるのも早い。しかし男は、女のために解決策を見つけてやる責任を感じている。もし思いつかなければ、自分が無能ということになる。だから女が感情的になると、男は怒りだすのだ。ひとたび泣きだした女は手がつけられない。そのことも男にとっては脅威である。

クライング・ゲーム

女は男よりよく泣く。男の場合、とくに人前ではめったなことで泣かないように進化してきたし、社会もそう仕向けている。フットボールの試合中に負傷して、激しい痛みに耐えきれず地面に転がると、監督は目を三角にしてどなるだろう。「立ちあがれ！敵に悟られるな。男だろうが！」

しかし新人類に属する繊細な男たちは、いつでもどこでも泣いてよいことになっている。セラピストやカウンセラーの前でも、雑誌記事に感動したときも涙を流す。森の奥深くで、キャンプファイアを囲みながら、男どうし抱きあいながら泣いても許される。むしろ、ことあるごとに「心の内をさらけだして」いないと、冷淡だとか、欠陥があると見られてしまう。女のほうは、脳のなかの感情中枢がいろいろな部分と連絡しているから、世代に関係なくありとあらゆる状況で感情を高ぶらせ、涙をこぼすことができる。

男でも泣くことはある。だがそれは、右脳の感情中枢が接続したときに限られる。

ふつうの男でも、右脳の感情中枢が働けばほんとうに泣く。だが人前でそうなることはめったにない。だから人目も気にせず泣く男は、疑ってかかったほうがいい。女は感覚能力が優れているので、同じ刺激でも男より細かい情報を受けとることができる。しかも感じたことを言葉やしぐさで表現する能力も高い。女は侮辱を受けたときも、感情が高ぶって泣くことがあるが、男はそもそも侮辱されたことにすら気づかなかったりする。男はそういうことに重きを置かないのだ。

外で食事をする

女にとって外食は、人間関係を築き、発展させて、悩みを話しあったり、友人との付きあいを深める手段である。男にとって外食は、食事にありつくための一方法にすぎない――料理や買い物、皿洗いをしなくてもよいから、ありがたい方法である。外で食事をするとき、女たちはおたがいをファーストネームで呼んで親しさを増そうとするが、男はほかの男と親密になることを重視しない。たとえばバーバラ、ロビン、リサ、フィオナが昼食をいっしょにしているときは、それぞれバーバラ、ロビン、リサ、フィオナと呼びあう。これがレイ、アラン、マイク、ビルの四人で飲みに行くとなったら、おたがいを他人行儀に姓で呼びつづけるだろう。そこには親密さのかけらも感じられない。

勘定を払うとき、女たちは電卓を引っぱりだして、いくら払えばいいかひとりずつ計算する。男たちは、ここは俺が持つとばかりに、いっせいに五〇ドル札をテーブルに投げだして、釣りはいらないよといったそぶりを見せるにちがいない。そうやって、一瞬でも脚光を浴びたいのだ。

ショッピング——それは女の喜び、男の恐怖

おしゃべりとショッピングは女にとって同じものだ——どちらも明確な目的は必要ないし、何時間もだらだらと続く。ショッピングは女にとってリラックス法であり、元気快復剤である。

だが男がそういう買い物に付きあわされるはめになったら、二〇分で脳の血管が切れてしまうだろう。男がやる気を起こすのは、目標と予定がはっきり定まっているときだ。獲物を一撃必殺でしとめて、食べ物をわが家に持ちかえる——それが男の仕事なのである。

女が服を選びはじめて二〇分すると、連れの男は脳の血管が切れる。

女が試着を繰りかえし、そのたびに男に意見を求めたあげく、結局何も買わない。女がいろんな服を試したがるのは、情緒や感情の幅が広い女の脳に見あった行動だ——雰囲気のちがう服装が、そのまま気分のちがいを映しだす。しかしそれに付きあわされる男は、しだいに不安と不満が高まってくる。男の服装は、保守的、実用的で、予想を裏切らないという男の脳そのものだ。自分の着る服を女まかせにする男も珍しくない。服装の趣味が良い男がいたら、女に選ばせているか、本人がゲイである可能性が高い。青、

赤、緑のいずれかが区別しづらいのは男のほうが多いし、たいていの男はパターンやデザインを組みあわせる能力も欠けている。だから服装を見れば、独身かそうでないかすぐわかる。

男に自分で買い物をさせるには、どこで何を買えばいいか、また色、サイズ、ブランド、スタイルなど、どういう基準で買えばいいかを明確に示してやることだ。でっちあげでいいから、はっきりした目的さえ与えれば、男は驚くべき熱心さで買い物に邁進するはずだ。

女ごころをくすぐるほめかた

新しいドレスを試着した女が、「どう?」と男にたずねる。返ってくる答えはたいてい「いいんじゃない」。これでは女は喜ばない。得点を稼ぐには、女がするように答えること——とにかく細かいところをほめるのだ。

細部をほめると聞くといやな顔をする男もいるが、思いきって試してみることをお勧めする。女性受けが良くなること請けあいだ。

たとえば「それ、いいねえ！　ちょっと回って、うしろも見せてよ——その色、きみにぴったりだ。デザインも身体の線によく合ってるし。イヤリングのコーディネートもいいし、すてきだよ」。こう言われて、悪い気がする女はいない。

「この人、私が隣に寝ていることも気づいていないのね……もう私のこと、愛していないのかしら……母に似て、太腿に肉がついてきたことに気づいたとか……こうして横になっているあいだも、この人は将来のことに思いをめぐらせたり、計画を立てたり、いろいろ気を配っているんだわ」

「どうして天井にとまったハエは落っこちないんだろう？」

「ミセス・グッドウィン、話を整理させてもらいましょうか。あなたはご主人にこう言った。いま私は生理前でいらいらしてるんだから、リモコンでせわしなくチャンネルを変えるのはやめてちょうだい。さもないと、頭を吹き飛ばすわよ……それでご主人はどうしたんです？」

第7章 不思議な化学変化

ピーターはポーラを食事に誘った。二人の仲はとんとん拍子に進み、ステディな恋人どうしになった。そして一年後、映画を見た帰りの車内で、ポーラがピーターにたずねた。「私たち、もうすぐ付きあいだして一年になるけど、一周年をどんなふうにお祝いしたい?」。ピーターは答えた。「デリバリーでピザを頼んで、家のテレビでゴルフ中継を見ようよ!」。ところがポーラは無言だ。何かまずいこと言ったかな? ピーターは訂正した。「ピザがいやなら、中華でもいいよ」。するとポーラは「それは楽しそうだわね!」とひと言答えたきり、黙りこくってしまった。

ピーターの頭のなかをのぞいてみよう。「もう一年か! 僕たちが付きあいだしたのが一月で、そのときこの車も買ったんだから、そろそろ一年点検の時期だな。整備工場のやつは、ダッシュボードのオイルライトを直したって言ってたけど……でもまだギアの調子が悪い」

ではポーラの頭のなかはどうだろう。「テレビを見ながらピザを食べる？　私たちの記念日なんかどうでもいいのね。そのうち友達も大勢呼ぼうなんて言いだすわよ。私はキャンドルのともるテーブルでディナーを楽しんで、そのあと踊りに行ったり、将来について話したりしたいのに。彼にとって、私は大した存在じゃないのね。ひょっとすると、私のことを重荷に感じはじめているのかも。彼はびびっているんだわ——まあ、考えてみれば私だって、女友達と過ごす時間が欲しいと思うときがあったわけだし。先のことを少し考えたほうがいいわね……つまり、私たちはこれからどうするかってことよ。このままデートを重ねるの、それとも結婚を考えるの？　子どもも作るってこと？　そもそも私だって、生涯彼とともに過ごす覚悟ができているかしら？」

オイルライトがまた点滅しているのに気づいて、ピーターは眉をひそめる。「あの整備工場のやつら、ライトは直したと言ってたくせに。保証期間が切れるころになって、これだもんな！」

そんなピーターの表情を見て、ポーラは不安に駆られる。「彼ったら顔をしかめてる……不満があるんだわ。私はデブだから、着るものを工夫すればいいのにって思ってるにちがいない。お化粧を控えめにして、もっと運動したほうがいいことはわかってる。友人のキャリーはスタイルがいいって、彼はいつも言ってるもの。私も彼女と同じジムに通ったほうがいいのかしら。でも女友達に話すと、ピーターも私のことを愛しているから、そんなこと思ってないはずだってみんな言うのよね……その通りかもしれないわ」

そのころピーターの思考は、あさっての方向をつっぱしっている。「整備工場の連中を、一回びしっと締めあげなくちゃ！　なめた仕事するんじゃないぞって……」

ポーラはピーターの表情から目が離せない。「ほんとに怒ってるみたい……張りつめている感じがはっきり伝わってくるもの。ひょっとして、私は思いちがいをしてた？　私のほうから、もっと働きかけてもらいたいんじゃないかしら。私の心もとない気持ちを、彼は感じとったのよ。そうにちがいない！　だから話をしてくれないのね。私に拒絶されることを恐れて、本心を正直に打ちあけられないんだわ。その証拠に、おびえた瞳をしているじゃないの」

ピーターの思考はまだ続く。「今度こそちゃんと直してもらうからな！　僕が苦情を言っても、あいつらメーカーのせいにしやがる。もし保証外ですなんて言いだそうものなら、対決してやる。この車には大金を注ぎこんだんだ。まともに……」

「ピーター？」。ポーラが口を開く。

「何だい？」。ピーターは考えごとを邪魔されてちょっと不愉快だ。

「そんなに自分をいじめないで……私の考えかたが悪かったのよ。ほんとにごめんなさい。ただちょっと時間が必要なの……人生はそんな簡単に割りきれるものじゃないし」

「そりゃそうだろうさ！」。ピーターは不満そうだ。

「あなた、私のことバカみたいだと思ってるわけ？」

「まさか」。ピーターはとまどい気味だ。

「私はただ……ああ、もうわからないわ……少し考える時間をちょうだい」

ピーターは首をかしげる。彼女はいったい何の話をしてるんだ？

「ありがとう、ピーター……あなたにはわからないかもしれないけど、とても大事なことなの」。ポーラはじっと彼の目をのぞきこむ。やっぱりピーターは自分にとって特別な人だ。二人の関係について、まじめに考えてみよう。

その夜は一睡もできなかったポーラは、翌朝友人のキャリーに電話をかける。二人は昼食をいっしょにしながら話そうということになった。ピーターはというと、家に帰ってテレビのスイッチを入れ、ビールの栓を開けてふと思いだす。今日のポーラは様子がおかしかったな。まあ、きっと生理前だったんだろう。

翌日ポーラとキャリーは、夜遅くまで話しこんだ。数日後、キャリーの恋人マークがピーターに会ったとき、「きみとポーラ、最近うまくいってないんだって？」と水を向けた。ピーターには何のことやらさっぱりだ。「彼女の言ってることは、とんちんかんだよ！　それより、このオイルライトを見てくれよ……」

ホルモンの威力

かつてホルモンが影響をおよぼすのは首から下だけで、脳は無関係だと思われていた。しかしいまでは、生まれる前からホルモンが脳をプログラミングしていて、思考や行動を左右していることがわかっている。ティーンエイジの男の子は、女の子よりテストステロンが一五〜二〇倍も多い。また男の子のホルモン分泌は、身体の必要に応じて脳によってコントロールされている。

思春期になると、男の子の全身をテストステロンが駆けめぐって、急激な成長をもたらす。この時期に身体の構成も脂肪が一五パーセント、たんぱく質が四五パーセントになる。さらにおとなに近づくにつれて筋肉質になり、狩猟者に適した引きしまった身体つきになる。男の子の運動能力が高いのは、効率よく酸素を取りこみ、赤血球を経由して全身に送りこめるようにホルモンが働いているからで、そのおかげで走ったり、跳んだり、取っ組みあったりするときに有利なのだ。ステロイドという化学物質も、男性ホルモンとして筋肉増強に役だつ。スポーツ選手が服用すると、そうでない選手が不利になるくらい、「狩猟」能力が高まる。

ティーンエイジの女の子には、女性ホルモンが別の作用をおよぼす。男性ホルモンとは制御の仕組みがちがい、女性ホルモンの量は約二八日周期で増減を繰りかえす。ホルモン量の変化にともなう感情の起伏には、年齢を問わず多くの女が悩まされている。女性ホルモンの働きが活発になると、身体の構成は脂肪が二六パーセント、たんぱく質が二〇パーセントになり、これが女たちの焦りを呼ぶ。脂肪が多くなるのは、授乳のエネルギー源を確保し、食料が欠乏したときに備えるためだ。女性ホルモンは脂肪を増やすので、家畜を太らせるのにも使う。筋肉を増やす男性ホルモンは、こういう用途には不向きだ。

「恋に落ちる」メカニズム

あなたは出会った相手にひとめぼれをした――心臓は高鳴り、手は汗ばんでくる。胸のあたりがざわついて、全身の皮膚が痛いくらい敏感になる。その人と食事に行こうものなら、天高く舞いあがる心持ちだ。デートが終わり、別れぎわにキスをされるととろけそうになる。それから数日間、食事がろくにのどを通らないのに気分は爽快で、ひいていた風邪もいつのまにか治っている。

「恋に落ちる」という現象は、脳で起こる化学反応が引き金になって、精神と身体に発生するさまざまな反応の集まりと言うことができる。脳のコミュニケーション網を作っているのは、およそ一〇〇〇億個のニューロンである。アメリカの国立衛生研究所のキャンダス・パートは、ニューロペプチド研究の第一人者だ。ニューロペプチドとは、身体内を漂うアミノ酸の鎖で、種類によって好みの受容体とくっつこうとする。これまでのところ六〇種類ほどのニューロペプチドが確認されていて、これが受容体と結合すると、いろいろな情緒反応が起こる。つまり、愛とか悲しみ、満足といった私たちの感情は、突きつめれば生化学の作用なのだ。

イギリスのフランシス・クリックは、遺伝子を決めるDNA暗号を解読して同僚ともどもノーベル医学生理学賞をもらったとき、「あなたがた自身と、その喜びや悲しみ、記憶、野心、自分が自分であるという実感、自由意思、愛は、無数の神経細胞のしわざにすぎないのです」と言って世間を驚かせた。

恋しているときの高揚感、これを作りだす中心的な化学物質がPEA（フェニルエチルアミン）である。PEAはアンフェタミンの親戚筋に当たり、チョコレートにも含まれる。脈拍を速め、手に発汗を起こし、瞳孔を広げて、「胸さわぎ」を引きおこす。またアドレナリンも、心臓の拍動を促進し、感受性を高めて幸福感をもたらす。風邪が治るのは、エンドルフィンが分泌されて免疫力が高まったおかげだろう。キスの瞬間には、相手の唾液を脳がすばやく分析し、遺伝的に問題がないと判断を下す。女の脳だとさらに、男の免疫システムの良し悪しも見ぬくようになっている。

このような好ましい化学反応のおかげで、恋をしている人は健康になって、あまり病気にかからなくなる。恋は身体に良いのである。

1. 赤ん坊　　2. テディベア　　3. のっぽ人形

いろいろなホルモンの働き

エストロゲンという女性ホルモンは、満足感、幸福感を女にもたらす。また子育てや家を守るといった行動でも中心的な役割をはたしている。気持ちを静める効果もあるので、乱暴で手のつけられない囚人をおとなしくさせるのに使われたりもする。さらにエストロゲンは記憶を助ける働きもある。だから更年期に入ってエストロゲンが減少すると、記憶力が減退するが、ホルモン補充療法を受ければ、記憶力のおとろえはある程度防げる。

二〇〇〇年六月、アトランタにあるエモリー大学のアグネス・ラクルースは、テストステロンとエストロゲンの割合を変えると、女性の空間記憶が向上することを実験で確かめた。つまり車のキーやメガネ、ハンドバッグをどこに置いたか、さらには車の駐車場所まですぐに思いだせるようになったのである。

プロゲステロンというホルモンは、母性愛や誰かの世話をしたいという感情を起こす。女に子育てをちゃんと遂行させるのが、このホルモンの役目だ。赤ちゃんを見たとき、女性の体内にはプロゲステロンが分泌されるが、さらに調べてみると、分泌の引き金になるのは赤ん坊の形状だということがわかった。赤ん坊は手足が短くずんぐりしていて、身体全体が丸っこく、頭と目が飛びぬけて大きい。こうした特徴が、プロゲステロンの「誘発因子」である。この種の形状に対する反応はとても強く、ほんものの赤ん坊でなくても、ぬいぐるみを見てもやはりホルモンが分泌される。だから女が欲しがるのは、テディベアや、動物の赤ちゃんを模したおもちゃであって、ひょろ長い人形には見向きもしない。テディベアを見つけた女は（女の子も）、大きくため息をついて「かわいい！」と抱きあげる。そういうとき、血液中にはプロゲステロンが大量に放出されている。

男はプロゲステロンを持たないので、目玉が飛びでそうなくらい高価なぬいぐるみに女が過剰反応を示す理由がわからない。母性の強い女が、ほっぺたがぽちゃっとしたずんぐり体型の男と結婚するのも、そのせいだろうか。

ブロンド女は子だくさん

ブロンドの髪は、エストロゲンが豊富であることを意味している。「紳士は金髪がお好き」なのも、ブロンドは子どもがたくさん産めるかどうかのものさしだからだ。「おつむの弱いブロンド女」というイメージも、おそらくそこに由来している。

また、胎児期に母親が男性ホルモンを服用した女の子は学校の成績が良く、大学合格率も高いという実験結果もある。良いことずくめのようだが、そうは問屋がおろさない。彼女たちは男っぽくなって、体毛も濃くなる傾向があった。

ブロンドの女が子どもを産むと、髪の色が黒みがかってくる。体内のエストロゲンが減少するからだ。二番目、三番目と子どもが増えるごとに、髪はますます黒くなる。三〇過ぎでナチュラルブロンドの女がめったにいないのは、ホルモン変化のせいなのだ。

古代ローマでは、売春婦がブロンドのかつらをつけていたという。「ブロンド女のほうが楽しめる」という一種の宣伝である。

月経前症候群（ＰＭＳ）と性的衝動

月経前症候群は、現代女性に特有の悩みである。昔の女はしょっちゅう妊娠していたので、月経関係の障害があったとしても、一生を通じて一〇〜二〇回ぐらいしか症状が現れなかった。現代の女は一年に一二回も月経に苦しんでいる。初潮から閉経までを一二〜五〇歳として、生涯に産む子どもが二・四人とすると、月経前症候群を三五〇〜四〇〇回は経験することになる。子どもを産まない女にいたっては、五〇〇回近くなるだろう。

一九五〇年代に避妊用ピルが登場するまで、女の気分の変動に注目する者は誰もいなかった。月経終了から一一日間は、エストロゲンのおかげで女は満足感、幸福感が強く、きげんが良い。性的衝動もだんだん強くなって、一八〜二一日ぐらいで最高潮に達する。この期間には、ちょうどテストステロンの分泌も最高になる。

自然はよく考えたもので、動物のメスは、いちばん受胎しやすい時期に生殖活動をしたくなるようにできている。そのタイミングもはっきりわかることが多い。たとえばウマの場合、欲情したメスはオスにちょっかいを出して興奮させる。だが、受精に最適なところに卵子がおりてくるまでは、ぜったいに身体を許さない。もっとも人間の女は、自分にも同じような周期があり、身体がそれに応じて変化していることをちゃんとわかっていない。

だから、パーティで知りあったばかりの男とベッドに直行するという事態も起こるのだ。当の本人は、どうしてそうなったか訳がわからない。「もう何がなんだか。パーティで出会った彼と、あれよあれよというまにベッドに入っていたの。あんなことはじめてよ！」。そう言う彼女は、月経周期のなかでいちばん受胎しやすい瞬間に男と出会ってしまったのだ。そして女の脳は無意識のうちに、男の遺伝構成、免疫力など男性としての特徴を解読する。子どもの父親候補者として合格ラインに達していれば、あとは欲望にすべてをゆだねるわけだ。こういう経験をした女は、理由が説明できないままに「運命」や「不思議な引力」という言葉で片づける。だが、実際はホルモンの働きでそうなったと理解しておかないと、本来なら全然合わない相手に縛られて一生を送ることになる。逆に男の立場なら、女が「その気」になるホルモン分泌のピークを、ぜひとも知りたいところだろう！

スコットランドで、画像をデジタル処理した男性の写真を一〇四人の女性に見せて、好みを調べる実験が行なわれた。すると一カ月のうち三週間ほどは、顔の輪郭がやわらかく、繊細で女性的な印象の男性が好まれた。ずっといっしょに暮らすなら、そういう男性のほうがいいだろう。ところが排卵期の一週間に限っては、あごがしっかり張って、まゆ毛がりりしく、がっしりした身体つきの、いかにも男くさい男性に好みが移った。同じ実験では、排卵期になると、女性は短いスカートをはきたがることもわかった。つまり女は、生活をともにする相手としては、良い父親になれそうな男を選ぶが、生物学的な欲求がざわつきはじめると、ターザン的な遺伝子に走ってしまうのである。

ホルモンが引きおこす女の憂うつ

月経終了後二一～二八日の期間、女の身体ではホルモンが急激に減少してバランスがおかしくなり、月経前症候群の呼び名で知られるいろいろな症状が起こる。気分が沈み、陰うつになって、ひどいときには死にたくなる。女の二五人にひとりは症状が重く、性格まで変わることがある。

暴行や万引きなど、女による犯罪のほとんどは月経周期の二一～二八日目に起こっているという統計がある。ある調査では、殺人や暴力行為で刑務所に入っている女性の少なくとも半数は、月経前症候群だった。月経前のこの時期には、女性が精神科医、カウンセラー、占星術師を訪れる回数が極端に多くなる。「自分がコントロールできない」「頭がおかしくなりそう」と感じるからだろう。月経前症候群の女性がハンドルや飛行機の操縦桿を握ると、事故を起こす確率が四～五倍は高くなるという。あなたが今度飛行機に乗るとき、パイロットがむすっとした女性だったら、悪いことは言わないから電車に変えたほうがいい。

女性ホルモンは、習慣的に攻撃性の強い人を落ちつかせるのに昔から使われてきた。女性が暴力犯罪を犯したとき、月経前症候群かどうかを考慮して量刑が決まる国もある。

多くの女は四〇代から五〇代はじめごろに更年期を迎えて、心理や情緒、ホルモンの大きな変化を経験する。この更年期障害の程度は、人によってさまざまだ。

男にも更年期はあるが、こちらは症状が決まっているのでわかりやすい。飛行士用のサングラスや、ドライバー用革手袋を買い、増毛をはじめ、オートバイや真っ赤なスポーツカーを買う。着るものの趣味がおかしくなる。

テストステロン——それは恩恵か、呪いか?

男性ホルモン、とくにテストステロンは、男を狩りに向かわせ、獲物を殺させる攻撃的なホルモンだ。男にひげが生え、髪が薄くなり、声が低くなり、優れた空間能力が持てるのはテストステロンのせいである。バス歌手とテノール歌手をくらべると、前者のほうが一週間あたりの射精回数は二倍以上だという。テストステロンを投与されると、地図や市街図を読むのが楽になる。おもしろいことに左ききや喘息もテストステロンに関係がある。飲酒、喫煙が度を越している男性は、テストステロンの血中濃度が低いこともわかっている。

だがテストステロンは、現代の男たちにとって困った一面もある。適度なはけ口がないと、攻撃性が高まって、反社会的な問題を引きおこしかねないのだ。テストステロンが男の子の全身にあふれだすのは一二〜一七歳ごろだが、犯罪をいちばん起こすのもこの年齢層である。おとなしい男性にテストステロンを投与すると、猛々しくなり、自信たっぷりで積極的になる。同じ量のテストステロンを女性に投与した場合、やはり攻撃性は増すものの、男ほどの効果はない。女とちがって男の脳は、テストステロンに反応しやすい配線になっているからだ。このホルモンが空間能力に関係していることはまちがいない。

ハゲで、ひげが濃くて、声がバリトンで、左ききで、職業は会計士。地図を読みながら同時にくしゃみをする男には要注意！

男は五〇～六〇代に入ると、テストステロンの分泌量が減少して、性格が穏やかになってくる。女はその反対で、更年期を過ぎるとエストロゲンが減り、相対的にテストステロンのほうが多くなってくる。だから四五～五〇歳ぐらいになると、女はいきなり自信満々になって、何ごとにも積極的になる。しかし同時に顔の毛が濃くなり、ストレスがたまると卒中を起こしやすくなる。

空飛ぶ茶碗

筆者のひとりであるバーバラ・ピーズは、新しく処方された避妊用ピルが、テストステロン含有量の多い種類だと知らなかった。ほどなくして、バーバラは月経前になると食器でも何でも手あたりしだいに投げつけるようになった。夫のアランは空飛ぶ物体をうまくかわすすべを身につけ、子どものとき短距離走で鳴らした自慢の足を、ふたたび発揮するようになった。しかし興味深い変化もあった。バーバラの縦列駐車能力——というかその欠如——をめぐる口論がなくなったのだ。つまり彼女は縦列駐車がうまくなったのである。

血液検査の結果、バーバラはテストステロン過剰であることがわかり、ピルの種類を変えた。一カ月後、彼女の気分の揺れはすっかりおさまった。ところが今度は、修道院入りをめざして静かに勉強に励む図書館司書みたいになった。もう一度ピルを変えて、ようやくバーバラのテストステロン量は適度になり、夫婦生活と食器に平和が訪れた。

なぜ男は攻撃的なのか

テストステロンは、成功、達成、競争のホルモンなので、へたをすると男や動物のオスは危険な存在になる。子を持つ親なら誰でも経験があるが、男の子は小さいときから暴力的な映画が好きで、そういう場面を細かく、如実に覚えている。女の子はそういうものにあまり興味を示さない。シドニー大学の研究では、校庭でのこぜりあいといった、激しい暴力に発展しそうな事態に直面したとき、男の子の七四パーセントは乱暴な言葉や動作で解決をはかろうとするのに対し、女の子の七八パーセントはその場から離れたり、あるいは当事者どうしで話しあいをさせようとした。

信号でクラクションを鳴らす運転手の九二パーセントは男である。ちなみに強盗犯の九六パーセント、殺人犯の八八パーセントも男だ。性的倒錯者となるとほぼ男の独壇場だし、数少ない女の倒錯者も、調べると男性ホルモンが高いレベルにあることがわかった。

刑務所にいる囚人の九割は男だ。

人類で男が優位に立っているのは、その攻撃性に拠るところが大きい。だが私たちは、男の子に攻撃を教えこむどころか、むしろそれはいけないと教えているはずだ。攻撃性は、社会による条件づけでは説明できない、男ならではの特徴のひとつなのである。スポーツの試合後に男子選手のホルモン状態を調べたら、テストステロンのレベルがかなり高くなっていた。競争が攻撃性を高めている証拠である。ニュージーランドのラグビーチームは、試合直前にハカというマオリ族の戦いの踊りを踊るが、これには二つの目的がある。ひとつは敵を威嚇すること、もうひとつは自分たちのテストステロンを増やすこと。いろんなスポーツでチアリーダーが応援に励むのも、選手やサポーターのテストステロンのレベルを上げるためだ。チアリーダーが登場する試合では、観客席で暴力ざたが起きやすいというデータもある。

なぜ男はがむしゃらに働くのか

ジョージア州立大学のジェームズ・ダブズ教授は、企業経営者や政治家、スポーツマン、聖職者、囚人などさまざまな男性の唾液を採取して調べてみた。すると分野を問わず業績の良い者ほど、テストステロン量が多いことがわかった。いちばん少なかったのは牧師で、こういう職業に就く男は支配的な性格でもなければ、性的に活発でもないことがよくわかる。弁護士やセールス担当者など、女性で大きな業績をあげている人もやはりテストステロンが多かった。ダブズ教授に言わせると、テストステロンが多いと業績があがるだけでなく、成功がテストステロンの分泌を高めるという相乗効果があるらしい。

アフリカからボルネオのジャングルまで、さまざまな場所で動物の生態を観察していると、研究者が人間を対象に長年研究してきたことが即座に見てとれる——つまりテストステロンがいちばん多いオスが、支配者になれるのだ。アフリカのブチハイエナなどはテストステロンがことのほか多く、生まれたときにすでに歯が生えそろっていて、兄弟どうしで殺しあったりする。

動物王国では、テストステロンの多い者が支配者となる。

イヌ、ネコ、ウマ、ヤギ、サルといった動物でも、つねに男性ホルモンがいちばん多い者が勝者となる。女が二人いたら、テストステロンをたくさん分泌するほうが、そうでないほうを支配する関係になる。仕事を持つ女は、専業主婦をしている女よりテストステロンが多いし、ワーキングウーマンを母に持つ女の子は、母親が専業主婦の女の子よりテストステロンのレベルが高くなる。一九九五年に、男性受刑者七〇〇名のホルモン量を調べたところ、テストステロンの分泌が高い者ほど、権威にたてついたり、理由のない暴力に走って有罪になった例が多かった。人間の歴史を振りかえっても、テストステロン濃度の高い男が社会を支配してきたし、ローマと勇敢に戦ったイケニ族の女王ボアディケア、マーガレット・サッチャー、ジャンヌ・ダルクなど傑出した女性リーダーにしても、妊娠七〜八週間に多くの男性ホルモンを浴びたことが考えられる。

だがテストステロンがくすぶりつづけていると、恐ろしいことになる。アメリカで、法律専攻の学生一一八名にミネソタ多面人格テストを受けてもらい、その後三〇年にわたって追跡調査を行なった。すると敵意や攻撃性のレベルが最高だったグループは、そうでないグループより三〇年間に死亡する確率が四倍も高かった。昨今は頭脳労働が中心の仕事が増えて、体力勝負の場面が少なくなりつつある。またいろんな産業で女性の進出もめざましい。そんな社会の状況では、男のテストステロンは新たなはけ口を見つける必要がある。筋肉隆々のタレントや、男っぽさを前面に押しだした雑誌が人気を集め、暴力的なコンピュータゲームがヒットするのも、それに関係があるだろう。社会のなかでテストステロンの威力が軽んじられたり、非難されていると、かえって反社会的で乱暴な形で男性ホルモンが噴きだしてしまうのだ。やはり男の子には、日常的に身体を動かす習慣をつけさせて、こまめにテストステロンを発散させたほうがよさそうだ。

テストステロンと空間能力

空間能力が男の代表的な特質である以上、テストステロンとの関係も容易に想像がつくだろう。第三章で説明したように、男性染色体（XY）の脳を構成し、狩りや追跡に必要な空間能力の「ソフトウェア」を脳にインストールするのは、もっぱらテストステロンの仕事である。そのため、身体がテストステロンを多く分泌するほど、脳は男傾向が強くなる。オスのラットに男性ホルモンを注射すると、ふつうのラットより迷路から早く抜けだすことができる。メスのラットに男性ホルモンを投与しても、やはり方向感覚が向上するが、オスのときほど顕著ではない。そしてオス、メスに関係なく、攻撃性は強くなった。

男脳・女脳テストで、得点がマイナス五〇からプラス五〇点だった人は、多くがテストステロンの多い男性である。彼らは地図を読むのが苦にならず、オリエンテーリングやビデオゲームが好きで、標的を狙いうちにするのも得意だ。ひげが伸びるのが速く、縦列駐車が上手で、フットボール、ビリヤード、自動車レースなど「狩猟系」スポーツを好む。一心不乱に何かをやったり、疲れを感じないのもテストステロンの特徴であり、このホルモンを投与すると、ウォーキングや長距離走などの運動で持久力が高まり、集中力の持続時間も伸びるという。これらの特徴は、レズビアンの女にも見ることができる。アメリカのエージング研究所のスーザン・レズニックは、胎児期に大量の男性ホルモンを浴びた女性は、空間能力に優れていると報告している。

女は縦列駐車が大きらい

テストステロンは空間能力を向上させるが、女性ホルモンのエストロゲンは逆に空間認知能力を抑制する。女は男にくらべてテストステロンの量が段違いに少ない。だから女脳になればなるほど、空間能力も劣ってくる。女っぽい人ほど、縦列駐車や地図を読むのがあまり得意でなくなるのだ。ターナー症候群という染色体異常は、本来女性ならXXとなるべき性染色体のうち、Xがひとつ欠けている状態だ。この異常を持って生まれた女の子はXOガールとも呼ばれ、空間能力はゼロに等しいか、あってもごくわずかである。だからXOガールに車のキーを渡してはいけない。

中国人の男は白人にくらべるとテストステロンの量が少なめである。このことは、体毛が薄いとか、ハゲが少ないことからもわかる。中国系住民の多い社会では、暴力や攻撃的な犯罪を起こす男が比較的少ない。レイプがあまり多くないのも、テストステロンのレベルに関係があるだろう。実際アジアの男たちは、概して縦列駐車があまりうまくない。

数学とホルモンの関係

数学の問題を考えるとき、男の子は右脳を使っている。女の子の場合、空間能力をつかさどる領域は左右両方にあり、数学の問題を解くときはもっぱら左脳の前部、言葉を扱う領域が使われているようだ。だから女は数を数えるとき声を出す。ただし、初歩的な計算にかぎっては女の子のほうが得意だし、女の子は勉強熱心でおたがいに協力するので、算数や数学の試験でも有利である。

女の子の脳は男の子より速く発達するので、最初のうち女の子の成績が良いのは、そのせいかもしれない。だが思春期に入るころには男の子が追いつく。テストステロンの分泌が盛んになって、空間能力が伸びてくると、数学的な推論力もついてくる。アメリカのジョンズホプキンズ大学で、一一〜一三歳の優秀な子どもを対象に数学能力をテストしてみたら、問題が難しくなればなるほど、男の子のほうが成績が良いという結果が出た。女の子の成績を1とすると、簡単なテストでは男の子が2だったのに対し、中程度のテストでは4、いちばん高度なテストでは13にまで差が開いた。

ただし、男性体内のテストステロン量を二倍、三倍にしたからといって、数学的な推理力も二倍、三倍になるわけではないようだ。脳研究の権威であるカナダのドリーン・キムラ博士が一九九八年に報告している。テストステロンが数学能力におよぼす効果は、わりあい低いレベルで限界が来るのだろう。全身毛むくじゃらのキングコングのほうが、ひげがなかなか伸びない男より、数学が抜群にできるというものでもないらしい。もっともテストステロンの効果は、女のほうにめざましく現れるので、口ひげがうっすらと生えている女のほうが、バービー人形みたいな女より優秀なエンジニアになれる。ちなみに一年のうちで、男の地図読解能力が最高レベルに達するのは、テストステロンの分泌が盛んになる秋である。

月経前の女の子は数学テストの点数が悪くなる。

月経直前の女の子は、テストステロンの量が激減する。この時期に数学の試験を受けるのは、女の子にとってかなり不利だ。同じ女の子でも、月経前症候群かそうでないかで、数学の試験の得点が一四パーセントも差が出るという調査もある。だから学校側も、女の子の体調を考慮して試験日程を組むほうが、公正と言える。男の子はいつ受けても変わらないのだから。

現代の男も狩りをする

スポーツは狩猟の代わりである。いま行なわれているスポーツの大半は一九世紀以降にはじまったもので、それ以前の世界ではたいていの人が、食べ物を確保したり、あるいは楽しみのために狩猟をしていた。しかし一八世紀後半にはじまった産業革命と、農業技術の進歩によって、獲物を追いかけて捕まえる必要性がしだいに薄れていった。何千年も脈々と受けつがれていた狩猟の本能が、突然停止の憂き目にあい、行き場がなくなってしまったのだ。

そこで登場したのがスポーツだった。近代スポーツの九割以上は一八〇〇～一九〇〇年までに作られており、二〇世紀になって考案されたものもいくつかある。どの競技にも、走る、追いかける、的に当てるといった動作が含まれていて、テストステロン量の多い人が余分なホルモンを燃焼できるようになっている。身体をよく動かす男の子ほど犯罪や暴力を起こしにくく、犯罪歴を持つ若者はスポーツをやりたがらないという調査結果もある。テストステロンは競技場で解消しないと、反社会的な使われかたをするというわけだ。高速道路や幹線道路で運転手どうしがいさかいを起こすのは、たいてい男どうしだ。男たちは道路でも競いあう――女はたまたま道路を走っているにすぎない。

男はたいこ腹になり、女は尻がでかくなる

身体のなかで余った脂肪は、生命の維持に欠かせない器官からなるべく遠いところに蓄積される。だから脳や心臓、性器周辺にはほとんど脂肪がない。しかも女には子宮があるので、子どもを産む能力がある女は、腹部に脂肪がつきにくい。子宮を持たない男には、遠慮なく腹に脂肪がつき、俗に言う「たいこ腹」になる。同時に背中にも贅肉がつく。足に脂肪がついている男はめったにいない。女の余剰脂肪は、太腿、尻、二の腕に配分される。これらは授乳や子育てのとき、クッションがわりになる部分だ。もし男にも子宮があれば、太腿はもっと太くなり、そのかわり腹はへこむだろう。

「……そしてある日、エリオットは気づいたのです。それは生物の授業がきっかけでした。自分のテストステロンの量は普通じゃない。クラスのみんなだって、口に出さなくてもそう思っているにちがいありません」

第8章　男は男、でも……

女を女たらしめ、男を男たらしめているものは、いったい何なのか？　ゲイとは自分で選んでなるものなのか？　なぜレズビアンは女に魅力を覚えるのか？　男女どちらでもOKのバイセクシャルは、どうやって性の垣根を越えたのか？　いまのあなたを形作ったのは、がみがみうるさい母親のせい、それとも冷淡で近よりがたかった工場勤めの父親、あるいは小学校三年生のときの担任のせい？　それとも二番目の子どもだったから、小さいころ貧乏だったから、孤児だったから、あるいは家庭が崩壊していたから？　それとも、ネコの生まれたときさそり座の開始点にしし座がかかっていたから？　それとも、ネコの生まれかわりだから？

この章では、妊娠中の男性ホルモンの量によって、胎児にどんな影響が出るか見ていく。

ゲイ、レズビアン、バイセクシャル

人間の胎児は、女が基本形になっている。だから男にも、乳首など女の特徴がかすかに残っている。乳腺もちゃんとあって、機能こそしていないが、乳を出す可能性はないでもない。戦争捕虜になった兵士が乳を分泌した例はいくらでも報告されているが、これは栄養失調で肝臓がやられ、乳汁分泌のためのホルモンがうまく分解されずに残ったためである。

受精してから六〜八週間に、男の胎児（性染色体がXY）はアンドロゲンという男性ホルモンを大量に分泌して精巣ができはじめる。次に、女を基本形にした脳にも変化が生じて、男用のフォーマットになる。この時期に男性ホルモンが不足した場合、生まれる子どもには二つの可能性が考えられる。ひとつは、脳の作りがいくらか女っぽい男の子になる。この場合は、思春期を迎えるころにゲイになると思われる。もうひとつは、生殖器官は男なのに、脳は完全に女になるケースで、これはトランスジェンダーと呼ばれる。生物学的には男女どちらかに属するのだが、本人の意識はその反対なのである。また男女両方の性器を持って生まれてくる半陰陽の子もいる。遺伝学者アン・モアは著書『ブレインセックス』のなかで、遺伝子的には男なのに、見た目が女の子だったために女の子として育てられ、思春期になってペニスと睾丸が「出てきた」例をいくつも紹介している。

こうした異常は、ドミニカ共和国ではじめて報告された。実際の例を調べると、両親は子どもを女の子として育て、かわいらしいドレスを着せたり、人形と遊ぶ女の子らしいふるまいを子どもに求めていた。ところが思春期になって男性ホルモンの分泌が優勢になり、「娘」に突然ペニスが生えてきて、男っぽい姿や行動を示すようになるものだから、親は仰天する。この変化は、生まれてからの社会的な条件づけや、女の子らしさを求める圧力に関係なく起こる。

半陰陽の「女の子」も、男に変身してからは順調に生活を送っている事実を考えると、社会環境や育てかたはほとんど影響していないと言うことができる。行動パターンを決めるのは、生物学的な性別なのである。

人類の歴史とホモセクシャル

古代ギリシャでは、ホモセクシャルは容認されており、むしろ人びとの尊敬を受けていた。スリムで若々しい、少年のような体型が美の理想で、絵画や彫刻でも盛んに扱われた。功なり名遂げた壮年の男が少年を愛するという詩もある。男どうしの同性愛には高貴な意味があり、社会に貢献するための若さを引きだしてくれると考えられていたのである。ゲイの若者は勇敢で優れた戦士であり、「愛する友と肩を並べて」戦いにおもむくというので、評価も高かった。

古代ローマの皇帝ユリウス・カエサルは「すべての女にとって理想の男であり、すべての男にとって理想の女」だったという。

しかしキリスト教は同性愛に眉をひそめた。神は堕落したソドムの町を滅ぼしたという伝説もあって、ホモセクシャルは禁じられ、クローゼットの奥深くにしまいこまれ、最近になるまで人前に出ることはなかった。

一九世紀後半のビクトリア朝では、ホモセクシャルの存在すら認められておらず、仮にそんなものがあったとしても、それは悪魔のしわざだから厳しく処罰すべきだという考えが主流だった。二一世紀を迎えようとするいまも、古い世代の人たちはホモセクシャルが最近の現象であり、「自然に反した」行ないだと思っているだろう。しかし実際には、男の胎児が充分な男性ホルモンを受けられなかった時点で、その子がホモセクシャルになる運命はすでに決まっている。霊長類のあいだでも、仲間どうしの絆を深めたり、上位者への服従を示すのにホモセクシャル的な行動が見られる。サルにかぎらず、ウシ、ニワトリ、イヌも同様だ。レズビアンはというと、紀元前七世紀に存在したギリシャのレスボス島に語源がある。こちらは男どうしのホモセクシャルほど毛嫌いされなかった。女どうしの親密な関係と見なされることが多く、性の倒錯と決めつけるに至らなかったのだろう。

遺伝、それとも選択？

筆者のアラン・ピーズと遺伝学者アン・モアは一九九一年、それぞれの著書の宣伝を兼ねてイギリスのテレビ番組に出演した。このときモアは、ホモセクシャルは遺伝であって、本人の選択ではないという研究結果を発表した――科学者たちは、何年も前から知っていたことだが。

ホモセクシャルは生まれつきである。しかも育った環境が人間の行動におよぼす影響は、これまで考えられていたよりも、ずっと小さい。ホモセクシャル的な傾向を親が正そうとしても、むだな努力なのである。しかも男性ホルモン（もしくはその不足）が脳におよぼす影響が最大の要因だから、同性愛者の大半は男ということになる。

ホモセクシャルは親の育てかたが悪いと言われるが、それを裏づける証拠はない。レズビアン（身体は女だが、男的な脳を持った人）とゲイの割合は、一対八ないし九である。こうした研究結果をゲイやレズビアンの運動家たちが採用し、学校でも教えるようになれば、ホモセクシャルやバイセクシャルの人はずっと生活しやすくなるだろう。世間の風は、基準からはずれた生きかたを自分で選択をした者には冷たいが、生まれつきの障害には温かい。サリドマイドしかり、パーキンソン病、自閉症、脳性マヒしかり。

こういう病気は、生まれたときから悪条件を背負っていることが多いために、社会は積極的に受けいれようとする。ライフスタイルとしてみずから選択したとされるホモセクシャルとは、一線が引かれているのである。

左ききや失読症だから、さらに極端なことを言えば、青い目だから、赤毛だからという理由で人を批判できるだろうか？　だとすれば、なぜ男の身体に女の脳を持つ人は差別されてしまうのだろう？　ホモセクシャルの人たちは、自分の性的指向が選択の結果だと誤解している。その「選択」をことさら前面に押しだそうとするから、自分たちは傷つくし、世間からも拒絶されてしまう。

自殺したティーンエイジャーの三割以上はゲイかレズビアンであり、トランスジェンダーの三人にひとりは自殺するという悲しいデータもある。「まちがった身体」に押しこめられたまま、この先ずっと生きていかねばならない苦悩は、想像するにあまりある。

なぜ父親がなじられるのか

男の子がゲイであることがわかると、だいたい非難されるのは父親だ。あの子が幼いころから男らしいことに興味が持てなかったのは、父親が厳しく叱りとばしたせいだ、と家族にもなじられる。だがそういう男の子は、もともとフットボールやオートバイレース、自動車、ボクシングの試合より、女の子っぽいことが好きだっただけだ。息子が男らしく成長することに過剰な期待を抱いている父親には、そんなわが子の姿がさぞやもどかしかったにちがいない。つまり男らしさに欠ける息子のあれやこれやが、父親の批判的、攻撃的な態度を助長したのであって、その逆は成りたたないのである。

赤毛、そばかす、ホモセクシャルの発生率は同じ。

すべてとは言わないまでも、ホモセクシャルの大半は生まれつきだという科学的な根拠が広く理解されれば、ゲイに対する関心は、赤毛やそばかす顔への関心と大差なくなるだろう。どちらも結局は遺伝子の組みあわせであり、発生率は同じだからだ。世間がホモセクシャルを受けいれれば、ゲイやレズビアンは自尊心が傷つけられたり、拒絶や嘲笑を受けることも少なくなるはずだ。ホモセクシャルと、そうでないヘテロセクシャルを隔てているのは、双方の無知にほかならない。

「選択」は変更できる？

ホモセクシャルは性的指向を自分で選んだわけではない。ホモセクシャルは、変えようと思って変えられるものではないことは、科学者や性的指向の専門家がこぞって指摘している。同性愛指向は胎児期にほぼできあがっていて、五歳までに完全に定着する。

だから本人のコントロールの埒外なのである。それなのに、かつては同性愛的な感情を抑圧するため、いろいろな方法が用いられてきた。乳房や精巣の切除、薬物療法、子宮の摘出、脳の白質を切りとるロボトミー手術、心理療法、電気ショック療法、祈禱、霊的カウンセリング、悪魔払いなどなど。だが効果をあげたものは、ひとつもない。バイセクシャルに異性としかセックスさせないとか、ホモセクシャルに罪悪感や恐怖心を呼びおこして独身を貫かせるぐらいが関の山で、自殺に追いやられる者も少なくなかった。

ホモセクシャルは自分で変えたり、選んだりできるものではないことが、科学的に立証されている。

読者のみなさんは、おそらく九割以上が異性愛指向、つまりヘテロセクシャルだろう。同性の人間に性的魅力を覚えるのがどんなことか、想像もつかないにちがいない。それと同じで、同性愛者には、異性を愛するということが理解できない。もともと自分のなかに存在しない感情を、無理やり作ろうとしてもだめなのである。同性愛は選択の結果だと世間では言われるが、もしそうだとすれば、激しい敵意と偏見、差別にさらされる生きかたを、知性豊かな人びとがわざわざ選んだりするだろうか？　責任はホルモンの働きにあるのであって、本人のせいではない。

ゲイの双子

生まれてすぐ引きはなされ、別々の環境で育てられた双子については、これまでも詳しい研究がなされている。人間の持つ種々の特徴は遺伝によるのか、それとも社会の条件づけなのかを見きわめようと、いろいろな実験が行なわれてきた。その結果、神経症的性格、うつ病傾向、内向性／外向性、支配欲、スポーツ能力、性行動の初体験年齢など、実にさまざまな要素が、遺伝で受けつがれていることがわかった。もしゲイが本人の選択によってなるものなら、生まれてすぐ離ればなれで育てられた一卵性双生児のゲイの男性一〇〇人を集めて、それぞれの片割れがどういう性的指向か調べればよい。男性人口に占めるゲイの割合を約五パーセントとすると、片割れ一〇〇人中五人しかゲイはいないはずだ。しかし実際の結果は……

兄弟が揃ってホモセクシャルになる確率

●二卵性双生児の場合、二二パーセント
●双生児ではない兄弟、あるいは血のつながらない兄弟の場合、一〇パーセント
●同じ遺伝子を持つ一卵性双生児の場合、五二パーセント

つまり異なる環境で育っても、双子のどちらかがゲイであれば、片割れの二人にひと

りはゲイなのである。さらにヘテロセクシャルと答えた片割れのうち一〜二割は、女性も愛せるバイセクシャルだからというので、とりあえずヘテロセクシャルと答えたことが考えられる。だから実際には六〇〜七〇パーセント、つまり三人に二人がゲイだと推測できる。やはり同性愛指向は、胎児期に形作られるものであって、しつけや育ちはほとんど影響しないのだ。

すべては遺伝子のなせるわざ

ゲイは胎児期にできあがるという理論にしたがえば、一卵性双生児のどちらかがゲイなら、もういっぽうもかならずゲイになりそうなものだ。三〇〜四〇パーセントの割合で存在するヘテロの兄弟は、いったいどうしたのだろう? ある遺伝子が優性になって、効力を発揮するかどうかは、「浸透度」の強弱で判断する。たとえばハンティントン舞踏病を起こす遺伝子は浸透度が一〇〇パーセントで、I型糖尿病の遺伝子は浸透度が三〇パーセント程度である。つまりハンティントン舞踏病の遺伝子を持つ一卵性双生児は、二人ともまちがいなく舞踏病になるが、I型糖尿病のほうは三〇パーセントの確率で発病するのみである。

「ゲイ遺伝子」も浸透度が五〇〜七〇パーセントなので、同じ遺伝子を持つ一卵性双生児でも、かならず両方がゲイになるというわけではない。この「ゲイ遺伝子」、男性のおよそ一〇人にひとりが持っており、浸透度にしたがってそのうち半数がゲイになる。実験では、ラットやサルなど人間以外の動物でも、同様の遺伝子があることがわかった。性別を変更するような実験を人間で行なうことは違法であり、倫理的にも問題視されているが、ロシアでは成功したことがあるという。

「ゲイ遺伝子」

アメリカの国立ガン研究所に勤務するディーン・ハマーが、ホモセクシャルの兄弟四〇組のDNAを比較したところ、そのうち三三組のX染色体で、X928という領域に共通の遺伝マーカーが見つかった。さらにレズビアンの姉妹三六組でもDNAを調べたが、こちらでは対応するパターンは見つからなかった。この事実も、ホモセクシャルはもっぱら男に起こり、しかも遺伝によって決定することを裏づけている。遺伝子が浸透するかどうかは、受胎後六〜八週間にテストステロンが分泌されたかどうかで決まる。また社会的な条件づけといったほかの要因が働いて、五歳ぐらいまでのあいだにゲイ遺伝子が目ざめる可能性も少なくない。

ゲイの家系

国立ガン研究所が行なった別の研究では、ホモセクシャルの家系が存在することが明らかになった。ゲイの男性一一四名の血縁者を調べたところ、兄弟、叔父、従兄弟、父親もまたゲイである確率が平均の三倍も高かった。その多くは母方の血縁者で、父方に属する者はほとんどいなかった。これは遺伝によるものとしか考えられず、しかも母親からのみ引きつぐ(母親はXXだからだ)X染色体のどこかに、特別な遺伝子があると推測できる。男性のホモセクシャルは、遺伝性があるのだ。

性別を変える実験

科学実験でラットがよく使われるのには、二つ理由がある。ホルモン、遺伝子、中枢神経系が人間に近いこと、そして人間とちがって胎児期に脳が発達しないことである。ラットは生まれたあとで脳が成長するので、変化を観察しやすい。オスラットの精巣を取りのぞくと、ラットは自分をメスだと思って、巣作りをはじめる。逆に生まれたばかりのメスのラットにテストステロンを投与すると、オスになったと思いこんで攻撃的になり、ほかのメスの尻にのしかかる。カナリアなどメスが鳴かない一部の鳥でも、幼鳥のときにテストステロンを投与すればメスがさえずるようになる。このようにテストステロンというホルモンは、脳の配線と、それによって脳が発揮する能力に大きな影響を与えている。

性を切りかえるには、脳が発達をはじめる初期のうちにホルモンを与えなくてはならない。ラット、鳥、サルいずれの場合も、脳がしっかり定まったおとなにテストステロンを投与しても、劇的な変化はなかった。人間の場合、受精後六～八週間で脳が「定まる」ので、それ以降はおとなのラットと同じで、おいそれと性を変えることはできない。

セミナーのためロシアを訪れたとき、地元大学の脳外科の教授からある秘密を打ちあけられた。ロシアでは、脳の性別を変換する実験を人間に対して行なっていた時期があり、ラットのときとまったく同じ結果が得られたという――つまり胎児期に男性ホルモンを使って、男の子を女の子に、女の子を男の子に変えたのだ。ゲイ、レズビアン、バイセクシャルを人為的に作りだしたのと同じことになる。教授の話では、男性ホルモンの量が足りなかったり、与えられる時期がまずかったりした例もあり、その結果男性器と女性器をあわせ持つ半陰陽の男の子が生まれたりした。前にも紹介したように、とくに人為的なことをしなくても、半陰陽はときどき出現する。

脳の性別をホルモンでコントロールする、つまりタイミングよくホルモンを注射するだけで、胎児のセクシャリティを変えられる。科学者たちはみんな知っているが、あえて議論の場には持ちださなかっただけだ。もちろん、このような実験は倫理的、人道的に大いに問題がある。

すべては子宮のなかで起こる

妊娠初期にテストステロンの分泌が少なく、しかも胎児が男だった場合、女の子っぽい男の子、あるいはゲイの男の子が生まれる確率はぐんと高くなる。一九七〇年代のドイツでは、妊娠初期に母親が強いストレスを受けると、ゲイの男の子が生まれる可能性は六倍も高くなるという研究結果が出ている。アメリカはノースダコタ州にあるマイノット大学社会学部のリー・エリス教授も、妊娠中のストレスとゲイの赤ん坊の関連を指摘している。ノースダコタ州立大学のブライアン・グラデューによると、ヘテロセクシャルの男はホモセクシャルの男より空間能力が高く、レズビアンはヘテロセクシャルの女より空間能力が高いという。どうしてだろう？　脳の配線に男性ホルモンが深く関わっているからだ。では、テストステロンを抑制するものは何だろう？　それはストレス、病気、そして一部の薬物だ。

住宅ローンが返せそうにない、失業しそうだ、パートナーや近所の人とけんかした、親友や親族が死んだ。そんなとき、ストレスがあなたの身にのしかかる。もしあなたが妊娠の初期なら、ゲイの男の子か、いかにも女の子らしい女の子が生まれる可能性がある。

重いインフルエンザにかかって、テストステロンを抑制するような薬を服用したときも、同じリスクがある。古代中国では皇后が妊娠すると、男らしい男の子を産ませるため、不快なものは一切見たり聞いたりさせなかったという。皇后自身も、汚い言葉を使うことは許されず、悪いことを考えたり、病人や気分のめいっている人間と接触することも禁じられた。いずれも、まだ生まれぬ世継ぎのためであり、現代科学でもこの知恵に意味があったことが証明されている。

アルコールやニコチンが胎児に害をおよぼすことは、かなり前から知られている。妊娠中は正しい食事とストレスのない生活が大切なのだ。ロンドンのチェルシー病院に勤めるビベット・グローバー博士をはじめとする専門家は、母親が妊娠中に強いストレスを受けると、生まれた子はストレスに弱くなると発表している。同じロンドンの精神医学研究所で研究するグレン・ウィルソン博士も、「ある種の薬物がテストステロンの働きを阻害し、ゲイの赤ん坊を作りだす」と述べている。

性染色体がＸＸ（女）を持つ胎児の脳が男性ホルモンにさらされると、脳の配線は男で、身体は女という赤ん坊が生まれる。幼いころは「おてんば」と呼ばれ、ほかの女の子にくらべると遊びかたが乱暴で激しい。思春期になると体毛や顔の毛が濃くなり、手と目を連動させる動きやボール扱いもうまくなる。そういう女の子はかなりの確率でレズビアンになり、俗に言う「男役」になる。また母親が妊娠中に、経口避妊薬や糖尿病の薬など、男性ホルモンを多く含む薬を誤って服用すると、胎児に男性ホルモンを投与したのと同じ結果になる。

レズビアンとは？男の仕事をやろうとする女。

一九五〇〜六〇年代に、糖尿病をわずらっていた女性から生まれた女の子は、成人してから異常に高い確率でレズビアンになったという報告がある。これも糖尿病薬に含まれる男性ホルモンを、胎児期に大量に浴びたせいだろう。

当時は女性ホルモンのエストロゲンが妊娠を助けると考えられていたので、エストロゲンを投与される女性もいた。その母親から生まれた男の子は、そうでない子より五〜一〇倍も高い割合でゲイになった。性的指向は、思春期になって盛んに分泌されるホルモンが全身を駆けめぐり、脳の回路にスイッチが入らないとはっきりしないので、生まれてすぐはわからないのだ。

男女の性行動に関するリポートで知られるアメリカのキンゼイ研究所によれば、胎児期に多くの男性ホルモンにさらされた女の子は、自立心、自己主張が強い「おてんば」娘になり、キックボクシングやフットボールといった攻撃的なスポーツをしたがるという。反対に胎児期に女性ホルモンを多く浴びた子は、男女問わず穏やかでやさしい性格で、依存心が強く運動もあまり好まない。

性倒錯

性倒錯者は幼いときから、自分の性がまちがっているという思いが強い。性的な行動に深く関わっているのは、脳のなかでも視床下部というところで、通常この部分は女のほうが小さい。一九九五年、オランダ脳科学研究所のディック・スワーブを筆頭とする研究グループは、性倒錯の男性では、この視床下部が女性並みか、それよりも小さいことをはじめて突きとめた。性別は、脳の発達と性ホルモンの相互作用で決まっていくことが、ここでも裏づけられている。この理論を提唱したのはドイツのギュンター・デルナー博士だ。ホモセクシャルの男性に女性ホルモンを注射すると、その視床下部は女性の視床下部とまったく同じ反応を示した。「性倒錯の男性の脳は、女性の脳と同様の構造をしていることが示された」。つまり身体は男でも頭のなかは女なのである。

女を男に変える新しい手術

トランスジェンダーは精神医学の世界で性同一性障害という病名がついており、患者の二割は性転換手術を受けている。具体的には男性の場合、精巣を除去して、ペニスの先半分を切りとってなかの組織を取りのぞく。皮はそのまま残しておき、尿道を再編成してから、皮を内側にたたみこんで腟を作る。これが人工膣になる。ペニスの先端をクリトリスにすることができれば、オーガズムを得ることも可能だ。しかしトランスジェンダーの自殺率は、五人にひとりという高さである。

人間も自然の奴隷？

ラットやサルの胎児にホルモンを投与して、性的傾向を変えることはできる。人間でも得意なこと、不得意なことを取捨選択すれば、男も女も同じように縦列駐車や地図解読ができるようになると主張するグループもある。だが科学者はその見かたに懐疑的だ。女が地図を読むのが苦手で、男が新聞を読んでいるとき何も聞こえないのは、ウサギが空を飛べず、アヒルがよちよち歩くのと同じで、根本的に変えようがない。しかし脳の構造がちがうことを理解しておけば、異性に対して寛容になるし、自分自身のいろいろな傾向や選択を前向きにとらえて、運命をコントロールできるはずだ。

高度な知性を持つ人間は、ほかの動物より感情をコントロールできるし、どういう人間になるか自分で選択できると思っているかもしれない。考えるということをせず、ただ環境に反応するだけの動物は、自然の奴隷である。動物が一見すると理屈に合わない行動をするのは、生物としての仕組みが背後で働いているからだ。たしかに人間はほかの動物より理性的なコントロールができるかもしれないが、だからといって自然のシステムと完全に縁を切ることはできない。それなのにたいていの人は、人間もしょせん動物の一種だという事実から目をそむけている。

ゲイの男にもいろいろある

ホモセクシャルの行動をつかさどるのは、簡単に分けて「相手探しセンター」と「行動センター」の二つである。

「相手探しセンター」は視床下部にあって、男女どちらに性的魅力を感じるかを決める。男が男として機能して、女に惹かれるようになるためには、男性ホルモンが必要だ。もし男性ホルモンの量が不充分だと、脳の働きは大なり小なり女の部分を残すことになり、異性である男に魅力を覚えるようになる。

「行動センター」のほうでは、男性ホルモンが足りなくても、男っぽい話しかたや身ぶりができる。ただし男性ホルモンが極端に不足すると、行動は明らかに女っぽくなる。

相手探しセンターと行動センターで、必要な男性ホルモンの量がちがう理由は謎である。だがなよなよした男がみんなゲイでなく、マッチョな男がみんなヘテロでない現実は、これで説明がつくだろう。

レズビアンの女にもいろいろある

女の胎児が、何かの事情で多量の男性ホルモンを浴びると、脳の「相手探しセンター」が男になって、女に性的魅力を感じるようになる。「行動センター」も男になっていれば、しゃべりかたや身ぶりも男っぽくなるだろう。

行動センターのほうが男に切りかわっていなければ、外見は女っぽいまま、女に惹かれるようになる。これはメスのラットやサルを使った実験でも裏づけがとれている。「男っぽい」レズビアンが、生物の仕組みで作られることに異論はなくても、「女っぽい」レズビアンはちがうという意見がある。彼女たちは自分の意思でレズビアンになることを選んだというのだ。それは見た目がいかにもレズっぽくないからだろう。なるほどいかにも女らしくて色っぽいレズビアンを見ると、男たちは「彼女の気が変わらないかな」と淡い期待を抱く。

しかし彼女たちにしても、自分の運命を選べないことに関しては「男っぽい」レズビアンやマッチョなホモセクシャルとまったくいっしょである。ホモセクシャルにくらべてレズビアンの性行動はあまり研究されていないが、男っぽかろうと女っぽかろうと、レズビアンはレズビアンであり、同性の女に心惹かれることにまちがいない。

第9章　男と女とセックスと

ステラとノーマンは友人のパーティで知りあった。出会ってすぐに心が惹かれあった二人は、たちまち情熱の炎を燃えあがらせた。おたがいに夢中になり、セックスのほうも飽きるということがなかった。居間や寝室、キッチン、浴室、階段、ガレージなど、家のなかのどんな場所でもセックスした。ステラとのセックスに大満足のノーマンは、彼女こそ自分の理想の女性だと思うようになった。ステラも同じで、彼を愛していると思った。こうして二人は末永く幸せに暮らしました、めでたしめでたし……のはずだった。

それから二年が過ぎた。二人のセックスライフはどうなったかというと――ノーマンは終わるのが早く、ステラは情熱ならぬ怒りの炎を燃えあがらせるようになった。ただ、ステラは週に二回もできれば満足だったが、ノーマンは毎日でもしたがった。気楽な独身生活をあきらめたのだから、それぐらい当然だと考えていたのだ。

しかしノーマンがセックスにこだわればこだわるほど、ステラは冷めていく。やがて二人は、寝室以外ではセックスしなくなった。ささいなことで口げんかになり、キスしたり抱きあうこともなくなって、相手の欠点ばかり目につくようになった。ベッドに入る時間もわざとずらして、相手を避けた。二人が言葉をかわすのは、廊下ですれちがいざまに「ファックユー!」とののしるときだけになった。ノーマンは、セックスしたくてもステラに拒絶されてばかりで、自己嫌悪に陥った。

そんなある夜、友人のパーティでステラはある男性と知りあった。二人はたちまち情熱の炎を燃えあがらせ、おたがいに夢中になり、セックスのほうでも飽きることがなく……以下同文。

セックスまでの道のり

三五億年前に生まれた単細胞の生きもの、それが生命のはじまりである。単細胞は生きのこりのために分裂をはじめたが、はじめのうちはまったく同じ複製が増えるだけだった。その後は、たまに突然変異で構造がちょっと変わったり、経験を積んで学習するくらいで、同じ状態がこれで何百万年も続いた。生命の営みは遅々としていたのである。

そして八億年ほど前、おそらく偶然にだろうが、細胞はひとつの驚くべきテクニックを身につけた。遺伝子をほかの細胞に移す方法を会得したのだ。生きのこりのために獲得した利点が新しい細胞に受けつがれ、親よりも強くてしっかりした細胞が作られる。突然変異が起こるのを何百万年も待つ必要はなくなった。この変化によって、細胞はより大きく、優れた生物体へと急速に姿を変えていった。ミミズやクラゲのような軟体動物を皮きりに、六億年前には骨組みを持つ生きものが誕生し、三億年前ごろには魚が空気呼吸を覚えて水からあがった。すべては遺伝子取引のなせるわざだ。

こうして、遺伝子をやりとりするためのセックスが生きものには不可欠になった。より強力な遺伝子を持つ新しい細胞が作られるときは、その親細胞は死ななくてはならない。理由は二つある。新しい細胞のほうが親細胞より優れているのだから、親細胞はもはや必要ない。それにまかりまちがって親と子が交配すると弱い細胞ができてしまうから、親細胞は早く消えたほうがよいのである。死とは、より強く新しい細胞が生きのこり、ほかの強い細胞と遺伝子を分けあうことなのかもしれない。

だとすれば、他者と遺伝子を交換して、次世代の子どもにより強い遺伝子を残すことが、セックスのもともとの目的だったはずだ。だが人間は長い歴史のなかで、セックスと子どもを結びつけるということをほとんどしてこなかった。いまでも両者をまったく別ものと考える部族もある。

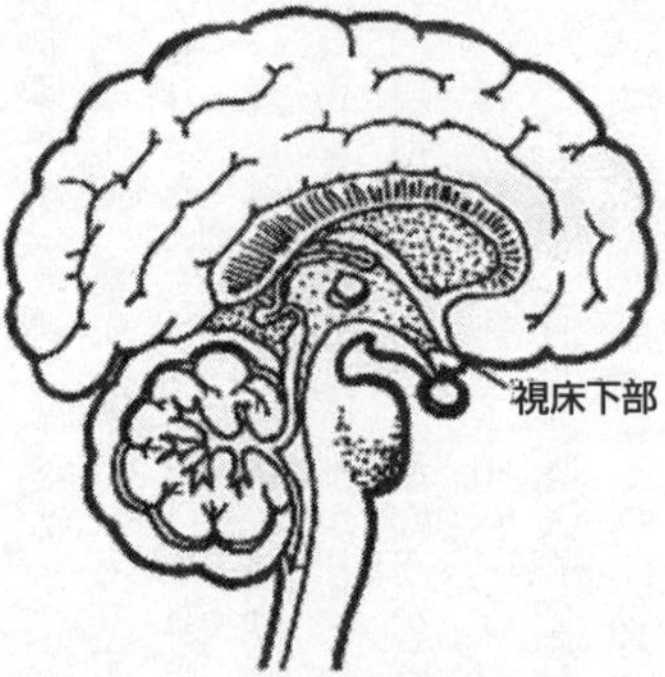

脳のセックス中枢「視床下部」

脳のセックス中枢

人間のセックス中枢は、血圧や心拍数、情動を管理する視床下部というところにある。視床下部はサクランボぐらいの大きさで、重さは四・五グラム前後。男のほうが大きく、それにくらべると女、ホモセクシャル、バイセクシャルの人は小さい。

また視床下部は、テストステロンに代表される各種ホルモンの刺激を受けて、セックスしたいという欲望を作りだす。男は女にくらべて視床下部が大きく、テストステロンの量も女の一〇～二〇倍と多いので、当然男のほうが性衝動は強く、いつでもどこでもセックスできる。しかも男は「若気のいたり」が許され、奨励されるのに対し、女が性のことで積極的になると「淫乱」の烙印を押されるという社会的な土壌もある。

抑えのきかない男たち

衝動的で激しい男の性欲には、はっきりした目的がある——人類という種の存続だ。哺乳類のオスはみんなそうだが、自分の種を繁栄させるために備えていなければならない条件がある。性欲が強烈で、ちょっとやそっとでは衰えないこともそのひとつだ。セックスのチャンスはいつどこで訪れるかわからないし、いざというとき、敵が潜んでいるのではと思って気が散るようでは困るのだ。

男は敵につかまったり、殺されるのを避けるために、短い時間で何度もオーガズムに達する必要がある。

また男は、自分の種をなるべく広く、何度でも撒かなければならない。アメリカのキンゼイ研究所によると、社会の束縛がなければ、たいていの男は何人もの女と関係を持とうとするし、実際のところ人類がこの世に出現してからというもの、社会の八割は乱交型だったという。しかし一夫一婦制が確立すると、男が本来持っている激しい性欲が、男女間に軋轢を生むようになった。

女は貞節な動物

女の視床下部は男よりずっと小さく、この部分を活発化させるのに必要なテストステロンの分泌量も少ない。そのために女は性衝動が弱く、攻撃性も少ない。種の存続という点から見れば、女のほうが性欲のかたまりになってもよさそうなものだが、そうならなかったのは、妊娠、出産、子育てに長い期間を要することと関係がある。

たとえばウサギの妊娠期間はわずか六週間で、生まれた子ウサギは二週間もすれば勝手に走りまわり、自分で餌を食べるようになる。ゾウやシカなどは、生まれおちてすぐに自力で立ちあがり、群れの仲間に混じって走れるほどだ。人間に近いチンパンジーでさえ、生後半年で親をなくしても、立派に生きていける。ところが人間の場合、妊娠期間は九カ月におよび、子どもが自分で餌を食べ、わが身を守れるようになるまで最低五年はかかる。生まれたで、母親はずっと大きなお腹を抱えていなければならない。生まれたから生まれたで、子どもが自分で餌を食べ、わが身を守れるようになるまで最低五年はかかる。そのあいだ食べ物と安全な巣が確保され、敵から守ってもらうことは切実な問題であり、だから女は、父親の潜在能力をしっかり見きわめておかねばならない。

女を妊娠させた時点で自分の務めは終わり、お役御免と考える不届きな男もいる。

女の脳は、子どもを育てる長い期間にわたって、きちんと面倒を見てくれる男を求め

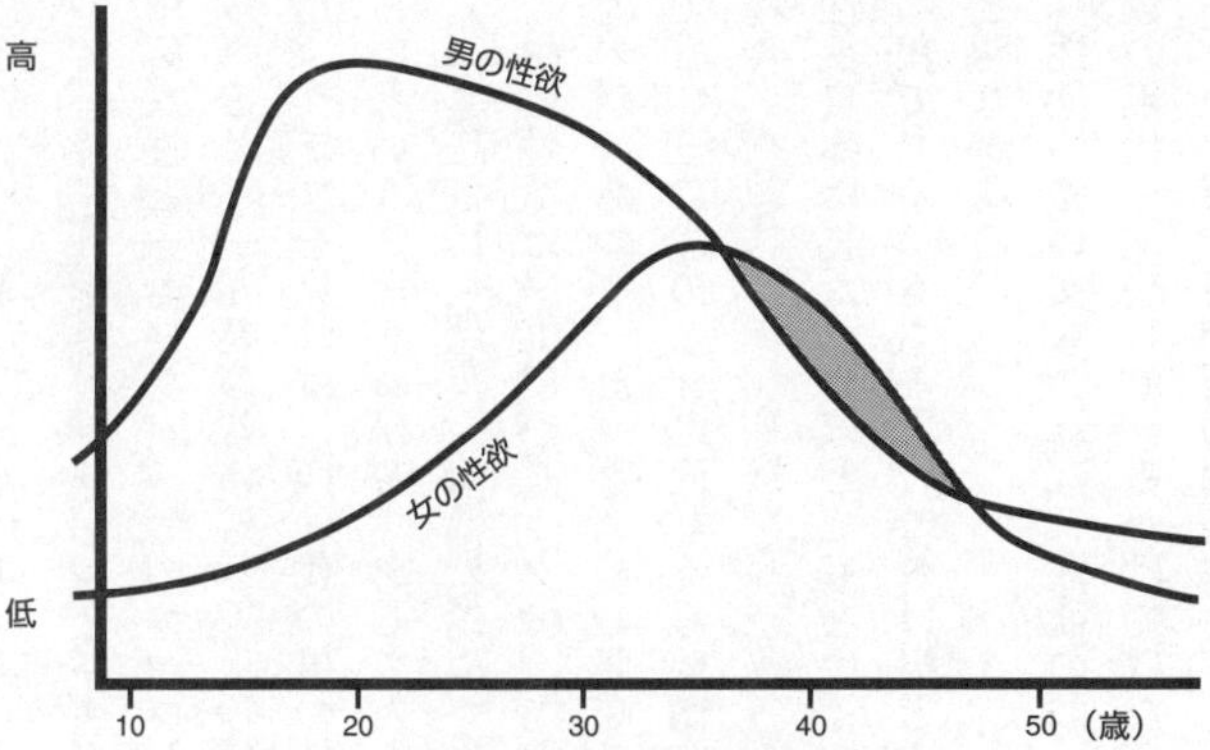

男女の性衝動の経年変化
（出典：ピーズ国際研究所）

るようプログラムされている。息の長い付きあいを求めるわけだ。

男は電子レンジ、女はオーブン

男のセックスは、たとえて言うなら電子レンジである——スイッチを入れると同時に最大出力で加熱をはじめ、調理が終わったらぱっと消える。だとすれば女の性衝動はオーブンだろう——最高温度に上がるまで時間がかかるが、なかなか冷めない。

上のグラフは、年齢による性衝動の変化を男女別に示したものだ。人生は山あり谷ありで、出産や死、恋愛、引退などさまざまな要因で性衝動も変化するが、ちがいをわかりやすくするために、ここではあえて単純化している。

男が分泌するテストステロンは年齢とともに減少し、それにともなって性欲も弱くなっていく。女の性欲はなだらかな上昇曲線を描き、三六〜三八歳ごろにピークを迎える。中年女性と「若いツバメ」のカップルも、このグラフから説明がつく。性欲の強さでくらべると、一九歳の若い男と、三〇代後半から四〇代はじめの女がちょうど釣りあうのだ。グラフを見れば、四〇代の男の性欲と、二〇代はじめの女の性欲もちょうど同じくらいということがわかる。おじさんと若い女の組みあわせである。こうしたカップルの「年の差」は、通常二〇歳前後である。

男の性欲は一九歳がピークで、あとは徐々に衰えていくが、それは実際のセックス能力の話であって、セックスへの興味は生涯を通じて色あせることはない。七〇歳になっても、三〇歳のときと同じくらい関心が高い。ただ身体がついていかないだけだ。女の場合、一〇代後半ぐらいから（恋を知るころでもある）セックスへの関心が強くなるが、性欲自体はまだそれほどでもない。むしろ、関心は同じくらいでも性欲が高まるのは三〇代である。もちろん、これは男と女のごく一般的な傾向であり、個人レベルではもっと開きがある。

性欲の強い女もいれば、性欲の弱い男だっている。ただそれは少数派であって、大多数の現状を反映しているわけではない。全体を眺めれば、やはり男のほうが性衝動は強い。キンゼイ研究所の調査によると、男の三七パーセントは三〇分に一回セックスのこつねに盛んな男のほうが、セックスへの衝動は強いし、いつでもどこでもＯＫなのだ。

女に必要なのはセックスする理由、男に必要なのはセックスする場所。

259ページのグラフで影をつけた部分が、セックスをめぐって男女が衝突しやすい年代だ。二〇代までの女は、男がやたらセックスしたがることが不満で、「身体目当て」だと男をなじる。女の性欲が男と肩を並べ、あるいは男を追いこすのは、三〇代も後半になってからだ。これは閉経前にもうひとり子どもを産んでおこうという、最後のひとがんばりなのである。だが四〇代に差しかかった男は、それまでと立場が逆転してぎょっとすることが多い。このころになると、女のほうが性欲が強いし、攻撃性も高くなっているので、多くの男がいやいや「お務め」をはたさなくてはならないとこぼす。だがそういう不満はお門違いというものだ。ロージー・キング著『グッドラビング・グレートセックス』や、ジョン・グレイ著『愛が深まる本』（三笠書房刊）には、こうした年代による性欲差を解消するためのテクニックが盛りこまれているので、一読することをお勧めする。たいていのカップルは、男女の性欲ピークにちがいがあることを理解せず、自分の要求ばかり押しつける。これではうまくいくはずがない。男と女では性欲が異なるし、気分が高まるタイミングもちがうのである。

詩人がどんなに美辞麗句を連ね、ロマンチストがどんなに麗しい想像をしようとも、性欲とは元をたどれば、脳で生まれる各種ホルモンの働きにすぎない。その中心的な役割を果たすのが、性欲という感覚を作りだすテストステロンだ。第7章で説明したように、愛とは化学物質と電気的反応の組みあわせである。信頼、親しみ、幸福感といったものは、人を愛するときに女が重視する心理的な要因だが、これにしても脳のなかで作られるホルモンカクテルのしわざだ。男はどこにいても、このカクテルをすぐさま作ることができる。

性欲とストレス

女の性欲は、日常生活のいろいろなできごとに大きく左右される。クビになるかもしれない、仕事の締めきりが迫っている、借金が増えた、子どもが病気だ、雨に降られてずぶぬれになった、愛犬が行方不明だ……そんなとき、女の選択肢にセックスはない。とっととベッドにもぐりこんで、眠るだけだ。

これが男だと、セックスが睡眠薬がわりになる。張りつめた気持ちを解放し、リラックスする手段なのだ。こうして一日の終わりに衝突が起こる。「やらせてもらえない」男が「やりたくない」女をなじり、女は無神経な大バカ野郎と男に言いかえす。男は女を不感症呼ばわりして、いいよ俺は今夜ソファで寝ると言いすてる。身に覚えはないだろうか？　カップルに、二人の関係はいまどういう状態ですかと質問すると、男と女では答えかたがちがっておもしろい。男は、その日相手が何をしてくれたかを基準に答える。たとえば、朝食を作ってくれた、シャツにアイロンを当ててくれた、首をマッサージしてくれた、など。女のほうは、もう少し過去までさかのぼる。ここ数カ月はとてもやさしいとか、どんなふうにコミュニケーションをとっているか、家のことを手伝ってくれるか、といったことだ。ただし男はそのちがいに気づいていない。今日は申し分ない紳士だったから、と得意満面で女にセックスを求めても、あえなく拒絶される。実は、二週間前に男が彼女の母親をバカにしたことを、女はずっと根に持っているのだ。

とても興味深い調査結果がある。おたがいを激しくなじり、軽蔑しているカップルほど、その後五年間に感染症にかかる率が高かったのである。この傾向はとくに女性に明らかだった。けんかやいがみあいが続くとストレスがたまり、それが免疫システムを弱らせて病気になりやすくなるのではないかと考えられる。

みんな何回ぐらいしてる？

一九九七～九八年にオーストラリアでセックス回数の調査が行なわれた。対象となるカップルは無作為抽出で選ばれ、しかも無記名回答だったので、この結果は実態をかなり反映していると思われる。

年代／一年間の回数
二〇代／一四四回
三〇代／一一二回
四〇代／七八回
五〇代／六三回
六〇代／六一回

これはあくまで平均である。六五歳になっても週に六回こなしている人もいれば、二〇歳前後でまったく性生活がない人もいる。だがそういう人は、あくまで例外だ。八一パーセントのカップルが性生活に満足しているという回答もあるから、それが嘘でないと仮定すれば、どうやら男たちは性欲過剰を解消するために、パートナー以外との性交渉に励んでいるようだ。

アメリカで行なわれた人種別のセックス回数調査によると、女性は黒人や白人より（両者はほぼ同回数）ラテン系のほうがたくさんセックスしている。セックスしてオーガズムに達する割合では、黒人女性が白人女性の二倍も高かった。アジア系の女性は、テストステロンの少なさを反映してか、セックス回数が最も少ない。

セックスと脳

雑誌『アメリカン・デモグラフィクス』は、一九九七年にある研究者グループが実施した調査を報告している。成人一万人を対象に、性欲と知性の関係を調べたもので、この調査によると頭が良い人ほどセックス回数が少ない、あるいはセックスしたがらないという結果が出た。大学院修了の学歴を持つ人と、学部卒業者の年間セックス回数を見ると、前者が五二回、後者は六一回だった。ちなみに中途退学者は平均五九回である。九~五時できっちり帰れる仕事の男性は一年に四八回セックスしていたのに対し、週六〇時間以上働く人は六〇回を超えていた――テストステロンの分泌が盛んになって、仕事も性生活もエンジン全開でがんばっているのだろう。音楽の好みでは、ポップスやクラシック愛好者よりも、ジャズファンのほうが三四パーセントも回数が多かった。

男を選ぶなら、クラシック音楽好きでパートタイムの仕事しかしていない中国系がお勧め。

猛烈に仕事をするジャズピアニストには要注意。

テストステロンの分泌の波は、一日に五～七回訪れる。そのうちいちばん活発なのは夜明けごろ、つまり狩りに出かける直前で、ほかの波より二倍以上も高い。ひと仕事終えて暖炉の炎を見つめる夜は、テストステロンが三割近く減少している。

講演のあと、ひとりの男性が私たちに言った。「午前六時に、女房にほうきの柄で背中をつつかれて目がさめたんですよ。何をしているんだと聞いたら、『たまには気分を変えてみない？』ですとさ！」

・セックスで健康になろう

セックスが健康増進に役だつ証拠は、ごまんと存在する。週に平均して三回ほど仲むつまじくやっている人は、一年で八四〇〇キロカロリー消費している。この消費熱量は、一三〇キロメートル走ったに等しい。セックスによってテストステロンの分泌が増えると、骨や筋肉がじょうぶになり、善玉コレステロールも増える。セックス研究者のビバリー・ホイップル博士によると、「セックスをしているとき、人間の体内では鎮痛効果のあるエンドルフィンという物質が分泌され、頭痛や打撲痛、関節炎の痛みなどが軽減される」という。

オーガズムに達する直前に分泌されるＤＨＥＡ（デヒドロエピアンドロステロン）というホルモンには、刺激に対する認知能力を高め、免疫システムを強化し、腫瘍の成長を抑えたり骨の生育を助けるという働きがある。また女性の場合は、触れられたい欲求を高めるオキシトシンというホルモンがセックス中に大量に放出されるし、エストロゲン量も増える。ハロルド・ブルームフィールド博士は著書『ザ・パワー・オブ・ファイブ』のなかで、エストロゲンは女性の骨と心臓血管を強くすると指摘している。これらのホルモンはいずれも心臓を守り、寿命を伸ばしてくれる働きがある。つまりセックスをたくさんすればするほど、それだけ長生きできるし、ストレスもなくなるのだ！

一夫一婦と一夫多妻

男と女が、一度にひとりしかパートナーを持たないのが一夫一婦制である。賢明なる読者はすでにおわかりのように、人間はもともと一夫一婦で満足できるようになっていない。ユダヤ教、キリスト教の教えが浸透するまでは、人間社会の八割は一夫多妻（もしくは一妻多夫）を実行していた。

動物の世界では、たとえばキツネやガチョウ、ワシなどが単婚性で、オスは生涯決まったメスとしかつがいにならない。この場合、オスとメスには体格差があまりなく、子育ての責任もほぼ等分に受けもっている。いっぽう多婚性の動物は、おおむねオスのほうが体格が大きく、色も鮮やかで、性格は攻撃的、子育てにはほとんど協力しない。またオスの性的な成熟はメスよりずっと遅いので、年長のオスと若いオスとの競争も起こりにくくなっている。経験の浅い若いオスは、年長のオスとまともに戦ってもとうていかなわないからだ。こうしてみると、人間の男は多婚性のほうが向いているようだ。それゆえ、単婚を守りぬこうとする女との摩擦が絶えないのだろう。

なぜ男は気が多いか

生まれつきたくさんのメスとやりたいオスは、結婚とどう折りあいをつければいいのか?

乱交性は、進化のなごりとして男の脳にプログラミングされている。人間の歴史を振りかえると、戦争のたびに男の人口は激減するため、ことあるごとに補充する必要があった。戦いから戻ってくる男の数は、たいてい出かけたときより少なくなっている。その分だけ寡婦も増えているわけで、帰還した男がハーレムを作るのは部族の生きのこり戦略として効果的だった。

コミュニティを守るためには、どうしても男手が欠かせない。そのため男の子が生まれると喜ばれ、女の子だといやがられる傾向があった。人間は何万年もそういうことを繰りかえしてきたのだ。子どもを作ることがさほど切迫していない現代になっても、男の視床下部はあいかわらず大きいし、テストステロンも大量に放出されている。つまり人間の男は、霊長類やほかの哺乳類と同じで、完全な単婚を貫くようにはもともとできていない。

性産業が男しか相手にしないのも、その動かぬ証拠だろう。ポルノ写真やアダルトビデオ、売春、インターネットのエッチ画像などは、すべて男専用と言っていい。たいていの男は、実際には一夫一婦で生活しているものの、精神的には一夫多妻的な刺激を求めている。もちろん、これはあくまで男の生物的な傾向であって、浮気を奨励しているわけでも、不倫の言い訳を与えているわけでもない。ただ、私たちがいま生きている世界が過去から遠くかけ離れてしまい、生物としての仕組みが、現代人の期待や要求に合わなくなっているのも事実だ。

いまや人間の身体は、時代遅れになりつつある?

本能や自然そのものが、いまの私たちにとって良いとはかぎらない。たとえばガの脳は、明るい光に向かうように配線されている。その本能のおかげで、夜間でも星や月を頼りに飛ぶことができる。しかし現代のガが生きる世界は、こうした進化の過程からはるか遠いところになっている。本能や自然のおもむくままに行動していると、人間の作った駆除装置によって燃やされ、灰になってしまうのだ。人間の男も、自分に備わった欲求の仕組みを理解しないと、ガのように自滅の道をたどるかもしれない。

男にくらべると、乱交性のある女はそうたくさんいないし、背後にある動機も男とまったく異なる。もともと巣を守るように配線されている女の脳は、たくさんの条件を乗りこえないと性的に高まらない。相手との関係が確実なものになり、感情面の結びつきが得られそうな手応えがないと、女はセックスへの欲望がわかない。そのかわり気持ちが通いあったと思ったら、三カ月から半年間は喜んでセックスしたがるのが女なのだ。男はそこのところを理解していない。ちなみにごくまれな色情症は別として、女の性欲がいちばん強くなるのは排卵のときで、ピークは数時間のこともあれば、数日間続くこともある。

男は野放しにしておくと、すぐ部族の存続に励みだす。つまり、手あたりしだいに女と寝てしまうのだ。全米保健協会の調査によると、一六～一九歳の男女を対象に、見ず知らずの人たちとの乱交に参加してみたいかとたずねたところ、男は八二パーセントが興味を示した。女で興味を持ったのはわずか二パーセントで、ほとんどの回答者が嫌悪感を示した。

女は愛する男とたくさんセックスしたがる。
男はとにかくたくさんセックスをしたがる。

オンドリ効果

オンドリはとても精力的で、一度に六〇回以上もメンドリと交尾する。ただし同じメンドリとは、一日に五回までが限度である。六回目になると急に興味をなくして「役にたたなく」なる。そこで新しいメンドリを連れてくると、たちまち元気を取りもどしてのしかかる。これを「オンドリ効果」と呼ぶ。

オス牛の場合、同じメス牛との交尾は七回が限度だが、ここでも別のメス牛を連れてくれば復活する。それを一〇回繰りかえしても、オス牛は立派にお務めをはたすことができる。

ヒツジでは、同じメスと五回以上できるものの、やはり相手が変わったほうが熱心になる。最初のメスにほかのメスのにおいをつけたり、頭に袋をかぶせて偽装しても、オスはだまされてくれない。これは精子をなるべく広範囲に撒き、受精率を高めて種を保存しようとするオスの本能である。

男は自分のペニスに名前をつけたがる。

なぜなら自分に関わる決定の九九パーセントを、

名前も知らない他人にまかせるわけにいかないからだ。

若くて健康な人間の男の場合、同じ女とできるのは一日にだいたい五回までだ。いくら絶好調でも、六回目のアンコールには応えられない。ところがそこに別の女を投入すると、オンドリやウシと同じく、興味もあそこもたちまちよみがえる。

なぜ男は（ひそかに）悩殺スタイルを好む？

男の脳は、変化がないと刺激を感じない。哺乳動物のオスはたいていそうだが、人間の男もなるべくたくさんの健康な女と交わるよう、脳がプログラミングされている。だからパートナーが同じなら、エッチな下着など目新しい要素が必要になってくる。ただほかの動物とちがって、男はパートナーにセクシーな服装やランジェリーをつけさせることで、あたかもハーレムにいるかのごとく自分をだますことができる。つまりやっていることは、ヒツジのメスに頭から袋をかぶせるのと同じ偽装なのだ。

クリスマスシーズンが来ると、デパートの下着売り場は居心地悪そうにおどおどした男でいっぱいになる。パートナーにセクシー下着をプレゼントするためだ。しかし年明け早々、デパートの返品カウンターに女たちが列を作る。「こういうのは私向きじゃない。彼ったら夜の女みたいな格好をさせたがるんだもの！」というわけだ。逆に考えれば、プロの女たちはちゃんと市場調査をして、「売れる」パッケージに身を包んでいるということになる。おへそまで隠れる色気のないパンツしかはかない女より、エロティックな下着をいろいろ試す女のほうに、男は忠誠を尽くすという調査結果もある。一夫一婦制を貫きたいのなら、変化を欲しがる男の本能にたまには応じてやったほうがいい。

男の勝負は三分間

健康な男の場合、性衝動のスイッチが入ってからオーガズムまでの平均時間はおよそ二分半。女は一三分。哺乳動物はたいてい交尾に時間をかけない。いつまでもくっついたままだと、敵から攻撃を受けたときに逃げようがないからだ。セックスは手早く終わらせるのが、種を保存するための本来のやりかたなのだ。

「あんたって、ほんとへたね！」と女。

「たった二分でなぜわかる？」と男。

もちろん年齢や健康状態、気分にもよるが、男は一日に何回もセックスできるし、勃起状態をある程度保つこともできる。アフリカに生息するヒヒなどは、交尾時間がたった一〇～二〇秒で、四～八回ぐらい腰を振れば終わってしまうから、それにくらべれば人間も捨てたものではない。とはいえ上には上がいるもので、野生のラットは一〇時間に四〇〇回も交尾した記録がある。しかし動物王国のダントツ一位は、一時間に一〇〇回以上というセックス記録を樹立した実験用マウスだろう。

タマの話

人間にかぎらず動物の世界でも、体重との比率で換算した睾丸の大きさは、テストステロン量を判断する大きな要因である。睾丸の大きさはかならずしも体格と比例していない。たとえばゴリラとチンパンジーをくらべると、体重はゴリラのほうが四倍以上あるのに、睾丸だけはチンパンジーのほうが四倍も重い。スズメとワシの体重差を換算して睾丸をくらべると、八倍も差が出る。「小粒でもやるときはやる」のが、スズメのオスなのだ。

ここで大切なのは、睾丸の大きさは、男の誠実さ、言いかえれば一夫一婦制への適性を左右するということ。霊長類のなかで最大級の睾丸を持つのは、アフリカに生息するピグミー・チンパンジーだが、オスは相手かまわずしょっちゅう交尾している。体重に比して睾丸の小さいゴリラは、ハーレムを形成しているにもかかわらず、年に一回セックスすればいいほうだ。睾丸と体重の比率で言うと、人間の男は霊長類の平均サイズである。すぐに目先を変えたがるけれども、宗教や社会のルール、女からの圧力で一夫一婦制をおとなしく守る男には、ふさわしい大きさと言えるだろう。

このように考えると、ビル・クリントン、ジョン・F・ケネディ、オーストラリアの元首相ボブ・ホーク、サダム・フセインなどの政治指導者は、人並みより大きな睾丸を持っていそうだ。もちろん、まじまじと観察したわけではないが。当然のことながら性欲も強いから、あちこちにはけ口が必要だろう。世間は、タマがでかくテストステロンの豊富な人間に権力を与えたがり、そのくせ去勢したネコのような慎みぶかさを求める。権力者の地位に就けるのは強靭な性欲のおかげだが、そこから引きずりおろされるのも、これまた性欲が原因なのである。

男は結婚式のビデオをかならず逆回しで見る。
そうすれば教会から出て、自由になれるから。

もしかすると将来、男の浮気性を治す方法が見つかるかもしれない。一九九九年、エモリー大学のラリー・ヤングとトマス・インセル両博士は、ハタネズミで行なったある実験を『ネイチャー』誌に発表した。使ったのは、一夫一婦のプレーリーハタネズミと、一夫多妻のモンタナハタネズミである。両者は同じハタネズミ属で、遺伝子は九九パーセント一致している。プレーリーハタネズミのオスから、性行動や攻撃性、社会的記憶などオスとしての行動をつかさどる特定の遺伝子（バソプレシン受容体遺伝子）を取りだして、モンタナハタネズミに移植したところ、「新しく生まれかわった」ネズミはメスとの関係が親密になり、まるで一夫一婦のような行動を取るようになった。

男の背信を解決する確かな方法はひとつしかない——去勢である。去勢すれば浮気の心配がなくなるばかりか、ひげを剃る回数も減り、ハゲの心配もなくなって、長生きできる。精神病院の患者を対象にした調査では、去勢手術を受けた男性患者の平均余命は六九歳、何もしないでテストステロンを分泌しつづけた男性は五六歳だった。

未来の男たちは、いまより性的能力が弱くなるかもしれない。すでに睾丸の大きさや精子を作る能力は、確実に落ちている。私たちの祖父や曾祖父の睾丸はいまの男より大きかったし、ほかの霊長類とくらべても、人間の男はゴリラやチンパンジーより精子数が少ない。一九四〇年代との比較でも、いまは精子数が半分近くに落ちているという報告もある。おじいさんの世代にくらべると、現代の男は男らしさを失っているのだ。

考える睾丸

マンチェスター大学生物科学部のロビン・ベイカー博士は、驚くべき研究結果を明らかにした。男の脳は女の排卵期を無意識に察知しており、受精確率が最も高くなるよう精子数とタイミングを計算しているというのだ。たとえば、決まった相手と毎日セックスしている男の場合、放出する精子の数は一回あたり一億個だが、三日ごぶさたしたあとでは三億個に、五日間では五億個に増えるという——そのあいだほかの女とセックスしていても、本来のパートナーに戻ると精子の数は多くなる。ライバル精子を蹴落として受精という仕事を完遂するために、男の脳は本能的に計算しているのだ。

男の眼福

男は目から、女は耳から刺激を受ける。男の脳は、女性らしい形を見ると興奮するようにできているので、エロティックな画像が効果ばつぐんである。女は感覚情報を受けとる器官が豊富なので、甘い言葉を好む。だから恋人に耳元でささやかれるとき、内容が何もなくても、女は目まで閉じて耳からの刺激に集中する。

ミスユニバース・コンテストがテレビ中継されると、視聴者は女より男のほうが多くなる。女らしい姿形に惹きつけられる男にとって、コンテストは眼福を味わえるうってつけの場なのである。ミスターユニバース・コンテストもあるが、人気もなければテレビ中継もされない。ただ突ったっているだけの男には、誰も関心がないのだ。持てる能力を発揮して、肉体的な強さを誇示するところに男の魅力がある。

ミスユニバース・コンテストはもっぱら男が見る。

ミスターユニバース・コンテストは誰も見ない。

ナイスバディの女が通りかかる。男は周辺視野が狭いので、首を動かして振りかえり、呆けたような視線を送る。まばたきも忘れ、口につばがたまる。カップルで歩いているとき、通りの反対側からミニスカートの若い娘が腰を振りながらやってきたとしよう。近距離の周辺視野に優れた女は、男よりもいち早く彼女の存在に気づく。そしてすばやく自分と比較するが、たいてい自分のほうが劣っていると感じる。そのころになるとようやく男も気づき、鼻の下をのばして女に軽蔑される。こういうとき女は二つのことを考える。その一、この人、私よりあの女のほうが好きなのかしら。その二、私って魅力がない女？　だが男は身体の曲線や脚の長さ、形に惹きつけられているのであって、同じような形とバランスをしていれば、別の女にも視線が吸いよせられる。

男が女のおつむよりルックスを重視するのは、考えるより見るほうが得意だからだ。

何も男は、ミニスカートの女といますぐベッドに直行したいと思っているわけではない。自分は男であり、部族を繁栄させる役割を担っていることを再認識しているだけだ。第一ミニスカートの女とは知りあいでもないし、この先付きあうわけでもない。男性誌のグラビアページを見るときも同じだ。ヌードの女を眺めながら、彼女の性格とか料理の腕前、ピアノが弾けるかどうか、ということはみじんも頭にない。曲線と形、それに身体にくっついているものを見ているだけで、肉屋の軒先にさがっている骨つきハムに見とれるのと大差ないのだ。男がよそ見したからといって、パートナーへの愛が消えたわけではない。生物学的な仕組みが働いているだけである。おもしろいことに、海岸とかプールといったところでは、むしろ女のほうがじろじろ男を眺めている。ただし女は周辺視野が広いので、見ていることに誰も気がつかない。

では男はどうするべきか

ほかの女に気をとられてしまったとき、男はどうするべきか。ほかの女に見とれてしまうことを、こころよく許す女などいるはずがない。だからただちにパートナーの女性に愛想を言おう。「たしかに彼女はいい脚をしている。でもああいう女って、ユーモアのセンスがゼロなんだよね……しょせんきみにはかなわないさ」。試すには勇気がいるだろうが、とくに友人たちがいる前でやると、努力しただけの見かえりはかならずある。女のほうも、男が女の体型や曲線に見とれるのはいわば自然の摂理であり、不安がる必要はないことを承知しておこう。女側の戦略としては、男が見とれてしまった女について、いち早く自分からコメントしてしまうのが有効だ。

長い付きあいで求めるもの

一七〜六〇歳の男女一万五〇〇〇人以上を対象に、パートナーと長続きするために重視すること、またパートナーが重視すると思っていることを、男女それぞれ挙げてもらった。

A女が重視すること
1性格
2ユーモア
3思いやり
4知性
5身体つき

B女が重視すると男が思っていること
1性格
2身体つき
3ユーモア
4思いやり
5顔

この調査結果を見れば、女が男に何を求めているのか、男はそこそこわかっているようだ。リストBで「身体つき」が上位に来ているが、女性の答えではそこまで重視されていない。男の一五パーセントは、ペニスの大小が女にとって重要事だと思いこんでいるが、女でそう思うのは全体の二パーセントだけだ。それでも男は、セックスショップや雑誌の通販で、ペニスを大きくする器具を買ってしまう。

では反対に、長い付きあいで男が重視すること、男が重視すると女が思っていることを挙げてみよう。

C男が重視すること

1性格
2顔の良し悪し
3知性
4ユーモア
5身体つき

D男が重視すると女が思っていること

1顔の良し悪し

2 身体つき
3 胸の大きさ
4 お尻
5 性格

男が何を重視しているのか、女はまるでわかってないようだ。おそらく、男は女の身体にしか興味がないという先入観で推測しているのだろう。リストDは、はじめて会うときに男が気にかけることであって、長い目で見て男が重視するのはリストCなのである。

どうして男は「あのこと」だけなの?

男はセックスを求め、女は愛を求める。これは何千年も前からわかっていたことだし、男女間の不満や衝突の最大原因でもあるのに、その理由や対策が話題になることはまれだ。どんな男の人が理想?と女にたずねると、肩ががっしりしていて、上半身が逆三角形で、腕や脚がたくましい人という答えが返ってくるだろう――大型動物を捕まえたり、組みふせたりするのに必要な特徴だ。だがそれだけではない。さらに思いやりがあって、やさしくて、女が何を求めているか敏感に察してくれて、会話がじょうずな人、という条件もついてくるはずだ——これらはみんな、女性的な特徴である。しかし女性たちにとってまことに残念ながら、男らしい肉体に女らしい資質を持ちあわせている男は、たいていゲイだ。

男は生まれながらの狩猟者であり、目の前の問題を解決し、今日の食事を確保して、外敵と戦うような脳の配線になっている。だから仕事を終えたあとは、たき火の炎をぼんやり眺めていたい。せいぜい、子孫繁栄のためにちょっと腰を振るぐらいだ。ところが女が性欲を感じるには、愛され、あがめられているという実感、自分が大切な存在だという確信が不可欠だ。ここに悲しいすれちがいがある。男はセックスしてからでないと、自分の感情に波長を合わせて、気持ちをはっきり表すことができないのに、女は、まず男に気持ちを整理してもらってからでないと、セックスする気になれないのだ。

男の脳には狩猟回路が組みあがっていて、凍えるように寒かろうと、うだるように暑かろうと、狩りをせずにはいられない身体になっている。けがに強くなるため、皮膚の感受性も鈍い。昔から男の世界には戦いと死が満ちあふれており、他者への思いやり、コミュニケーション、感情の入る隙間はほとんどなかった。そんなものに時間を費やしていては、集中力が失われ、攻撃を受けたときに部族を守れないからだ。男たちは生物学的に、そういう特徴を背負わされてきたのである。このことを女は理解してやり、効果的な戦略を考えだす必要がある。

れてきた。しかしそれはまちがいだ。男だって愛は欲しい。でも男の場合、セックスを通じてでしか愛を感じられないのだ。

男と女では、セックスに与える順位がまるで反対なので、そのことでおたがいをなじるのは無意味というものだ。もともとそうなっているのだから、しかたがない。それに両極端は惹かれあうという言葉もある。性的な欲求がうまくかみあうのは、ゲイやレズビアンどうしのカップルぐらいだろう。だから彼らは、愛だのセックスだのといったことでは、ヘテロセクシャルほどけんかにならないのかもしれない。

セックスで末永く仲むつまじく

男の心をとりこにするには、胃袋さえ満たしてやればいいと言う。だがそれはあまりに短絡的というものだ。男だってセックスに満足したあとは、やわらかく敏感な心が顔をのぞかせる。鳥のさえずりに感動し、木々のしたたる緑が目にまぶしく、花の香りに気づき、歌の言葉に心を揺さぶられる。セックス前だったら、車にフンを落とされたときぐらいしか、鳥の存在に気づかなかっただろう。そういう変化はセックスの副作用のようなものだが、女が魅力を感じるのは、実はそこなのだ。ふだんからそういう感受性を養っておけば、セックス前でも女の心をつかめるかもしれない。女のほうも、彼のもうひとつの顔、豊かな感受性に触れたければ、まずセックスで喜ばせることだ。

付きあいはじめてすぐのころは、セックスが楽しくてしかたないし、愛情にも満ちている。女は惜しみなくセックスさせるし、男も愛を注ぐからうまくいく。しかし数年もすると、男は狩りの本能、女は巣作りの本能が前面に出てしまい、セックスと愛の両方が停止してしまう。セックスライフがとどこおるのは、男女どちらにも責任があるのに、私たちはつい相手のせいにしてしまう。女は注目され、ほめられ、時間をかけて甘やかしてもらわないと火がつかない。男はとりあえずセックスに満足しないと、感情豊かに相手に接することができない。だから男は、セックスのあと、やさしい気持ちになったことを覚えておいて、次にセックスしたくなったときは、最初からそういう心で女に接してみよう。

大切なのは、やはりセックスだ。セックスがすばらしければ、二人の関係は驚くほどうまくいく。

女をかならず満足させるには

身体に触れ、賛美し、甘やかし、良いところを思いきりほめる。肩をもみ、壊れたものは直してやる。共感し、セレナーデを奏で、お世辞を言う。支え、食べさせ、なだめすかし、じらして、ユーモアをきかせ、刺激する。なでて、慰め、抱きしめ、お肉のついた部分は見ない振りをして、寄りそい、興奮させ、あやす。守り、電話をかけ、期待し、軽くキスをして、鼻をうずめ、許し、アクセサリーを贈り、楽しませ、うっとりと見つめ、荷物を持ってやる。命令にしたがい、悩殺し、注目し、信頼し、擁護し、服をプレゼントし、自慢する。あがめ、認め、言いなりになり、抱擁する。きみのためなら死んでもいい、きみのことを夢に見ると言ってやり、からかい、喜ばせ、強く抱きしめ、気ままを許し、偶像視して、信仰する。

男をかならず満足させるには

裸で目の前に立つ。

男がセックスに求めるもの

これは単純だ――オーガズムに達して、それまでの緊張を解放させるのが目的である。セックスのあと男の体重はわずかながら減少する。頭が空っぽになるからだという説もあるが、体液を放出したあとなので、とにかく休息が必要だ。そのまま眠ってしまう男も多く、そのため自分勝手だとか、無神経だと女の不興を買ったりもする。

また男は、感情で表現できないことをセックスで解決しようとする。新しい仕事が見つからない、借金を返済する、紛争を解決するといった悩みを抱えているとき、張りつめた気持ちをやわらげるのにセックスという手段を用いる。女はそういう事情を理解できず、男がひそかに悩んでいることも知らないので、「利用された」と感じて怒りだす。

男が抱えるたいていの悩みは、セックスさえすればすっきりする。性欲がたまりにたまった状態では、男は耳も聞こえず、考えることもかなわないし、運転や機械の操作もできない。時間の感覚もおかしくなって、三分が一五分にも感じたりする。男に頭を働かせてもらいたいときは、まずセックスをして頭をすっきりさせてやろう。

女がセックスに求めるもの

男にとって良いセックスとは、緊張が解きはなたれるセックスだ。女は正反対で、注目され、言葉をかわしながら、ゆっくり時間をかけて気分を高めていくのが良いセックスだ。男は放出して空っぽになりたいと思い、女は満たされることを望む。ふつう女は、前戯に最低三〇分はかけてもらわないと盛りあがらない。男は三〇秒で臨戦態勢に入れるし、彼女の家に向かうドライブさえも前戯のうちだと考えていたりする。

エデンの園に先に行ったのはアダムだった——先にイクのはたいていの男がそうだけど。

ことが終わったあとの女は、自分こそ世界の中心だと思っている。愛する男と触れあい、抱きしめ、話がしたい。ところが男は眠りこんでしまうか、そうでないと起きあがって「何かしたく」なる。電球を換えるとか、コーヒーをいれるとか。というのも、射精時に一瞬でも我を忘れた男は、自己制御力を取りもどそうと焦っているのだ。何かをして、抑制のきいたいつもの自分に戻れたことを実感したいのである。

セックスのとき男は無言

男は一度にひとつのことしかできない。だから勃起中は車の運転ができないし、しゃべることも、人の話を聞くことも難しい。だから女は、男の息づかいで進みぐあいを察しなくてはならない。男は女から、こんなこともできる、あんなことをしてあげるといった「いやらしい」言葉を言ってもらうのが好きだが、それもセックスの前であって、最中ではない。真っ最中に女から話しかけられると、男は方向感覚を失い、ついでにあっちも萎えてしまう。セックス時に男がもっぱら使うのは脳の右側で、目先のことに集中していると、男はほとんど何も聞こえなくなることが実験でもわかっている。

セックス中に話をするためには、男は使う脳を右から左に切りかえなくてはならない。女はマルチトラックだからセックスもおしゃべりも思いのまま。

しかし言葉第一の女にとって、話すことは前戯の欠かせない一部分だ。セックスの途中で男が話すのをやめたら、自分に興味がないのかと女は思うだろう。そんな女の要求を満たすためには、男は前戯中のラブトークを練習しなければならない。女もセックスの最中にあれこれしゃべるのを控えて、言葉でなく声で感じていることを表現しよう。そうすれば男も前向きな反応を返してくれる。男は言葉で話しかけられると、返答しなければと焦り、肝心の瞬間を逃しかねない。

女の脳は性欲に対して、男ほど劇的に変化することができない。だからセックスの最中、男がすっかり夢中になっているときでも、女は周囲の音や変化を意識している。巣を守る本能として、子どもに危険が迫ったときすぐ気づくためである。男性諸兄はすでに経験ずみだろうが、壁が薄く、ドアに鍵のかかっていない部屋や、屋外でことにおよぼうとすると、たいてい女はいやがる。脳にプログラミングされたこの恐怖は、女がひそかに描いている願望——衆人環視のなかでのセックス——の裏返しでもあるのだが。

イクことの意味

「したいときだけ利用して、終わればしらんぷり。道具みたいに扱われるのはごめんだ！」と男が言うことは、まずない。イクことすなわち満足である男は、女もてっきり同じだと思いこんでいる。「だけど、オーガズムなしで満足なんてできるのかい？」と

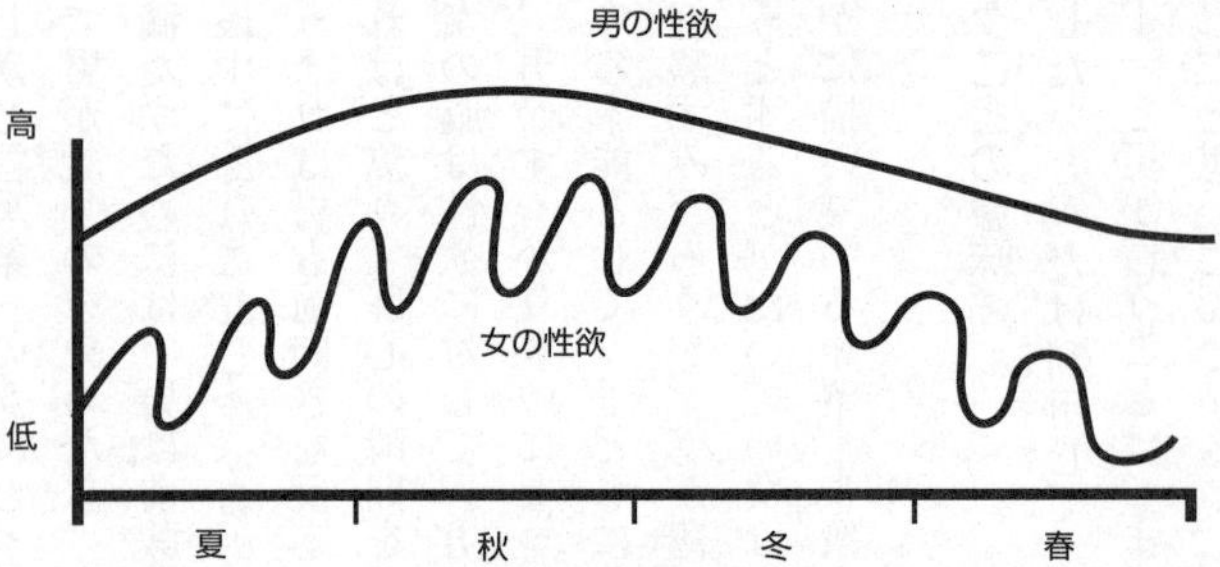

男と女の性欲変化
（出典：ピーズ国際研究所）

男は首をかしげる。男にしてみれば、頂点に到達しないセックスなどありえないから、オーガズムすなわちセックスの成否ということになる。そんな期待が女へのプレッシャーになって、女は演技をしてしまい、いっそう達しにくくなってしまうのだ。女が求めるのは、相手との親密さ、暖かさ、気持ちの高ぶりであって、オーガズムはいわばつけたしだ――目的ではない。男には達することが絶対必要条件だが、女はちがう。それなのに男は、女も自分と同じだろうと決めつけて、ひたすら挿入し、腰を動かしてきた。女の性欲が一年を通じてどう変化するか、チャートを見てほしい。山になっているところ、すなわちオーガズムをいちばん求めているのは排卵の時期である。谷の部分はむしろ抱きしめてもらったり、セックスに直結しない触れあいを求めている。女の性欲が一年で最も強くなるのは秋だ。秋に妊娠すれば出産時期は夏ということになる。気温が高く、食べ物が豊富にある夏は、赤ん坊を育てやすい季節なのである。

見ず知らずの色っぽい女が突然やってきて、あなたってすてき、もうたまらないわ、抱いてちょうだいと懇願する。これはすべての男が夢見る場面だろう。男は女を満足させてやらねばならない——彼女の求めることすべてを。男の価値は、女を満足させられるかどうかにかかっている。だから男は、女がどう感じているかたえず気にかけているのだ。

男は決して「イッた」振りをしない——あんなマヌケづらをわざと作るなんて、プライドが許さないからだ。

セックス中に女が感じている深い気持ちを、男は察してやることができない。だからなおさら、オーガズムが重要なものさしになる。女が達してくれさえすれば、男は良い仕事をして、成果をあげたことになる。だがそれは、しょせん男が自己満足するための基準でしかない。

何にそそられる?

男と女が、おたがいの性的なニーズをいかに知らないか。男と女がそれぞれ「そそる」ものを挙げてもらうと、脳の作りのちがいがはっきり出る。男は視覚重視でセックスという行為が目的だが、女は聴覚や感覚重視、触れあいやロマンスを求めている。

女がそそられるもの

1 ロマンス
2 関わりあい
3 コミュニケーション
4 親密さ
5 いやらしくない触れあい

男がそそられるもの

1 ポルノグラフィー
2 女のヌード
3 バラエティに富んだセックス
4 ランジェリー
5 やれるかどうか

健康な女をなるべくたくさんはらませること、それが男の生物学的な務めであり、子どもを無事に育ててあげ、そのあいだそばにいてくれるパートナーを見つけること、それが女の生物学的な務めである。もはや生殖が子孫繁栄と直接結びつかないいまの時代でも、男女はそれぞれの務めをはたすべく、見えない力に駆りたてられている。女が男に関わりあいを求め、ロマンスに淡い期待を抱くのは、それが子どもの父親を獲得する可能性につながっているからだ。

視覚刺激を求める男を非難するのなら、女が男とのおしゃべりやレストランのディナーを要求するのだって、非難されてもしかたない。そうならないためには、要はどちらのニーズも満足させればよいのである。

男だって傷つく

男がそそられる対象を、女は毛嫌いしがちだ。けがらわしく、いやらしく、露骨で、邪道なものというわけだ。概して男がそそられるものに女は興味がなく、女がそそられるものに男は食指が動かない。

世間では、女を興奮させるものは、映画や本、広告でもてはやすのに、男が喜ぶものはポルノ扱いする。生物学的には、どちらも性的に高まるためには欠かせない。それでも世間に批判される手前、男は『プレイボーイ』誌をこそこそと読み、エッチな空想などとんでもないという顔をする。だから男の欲求は満たされず、罪悪感や恨みを抱えこむ。

しかし男と女が、どういう過程でおのおの欲望を進化させてきたかを知れば、怒ったり、恨んだり、罪の意識を感じることなく、相手を理解し、受けいれることができるはずだ。気持ちよくないことを、無理にする必要はない。オープンに話しあえば、いま以上に愛情あふれる関係を築くことも可能だろう。上半身裸の女にサスペンダーをつけさせたり、シャンデリアにぶらさがらせて興奮するのも悪くないが、それならロマンチックなディナーや週末旅行を計画するほうが、よっぽど簡単で効果も高いことを、男は知っておくべきだ。

媚薬の秘密

媚薬と言われるものは巷にあふれているが、科学的に効果が証明されているものはひとつもない。期待できるとすれば、プラシーボ効果——効くと思えば効く——だけだ。それどころか、腎臓に炎症を起こしたり、かゆみや発疹が出たりして、性欲どころではなくなる「媚薬」もなかにはある。

男とポルノ写真

男はエッチな写真が大好きだ。女の姿かたち、欲望やセックスが具体的にイメージできるので、男の欲求のツボにはまるのである。だが女たちは、無神経な男による女性支配の象徴と見なす。ポルノ写真と性犯罪の関連はいまだ立証されていない。もっとも、その手の写真にはウマ並みの巨根をぶらさげた男たちも登場するから、男女ともに心理的な悪影響はあるかもしれない。つまり男の能力に過剰な期待を抱いてしまうのだ。

エロティックと変態のちがいは?
羽根で刺激するのはエロティック。同じ羽根でもニワトリ丸ごと使うのが変態。

またポルノ写真は、男に先入観を植えつける。女も男と同じくらい、あるいはもっと性欲が強いとか、女も視覚的、肉体的な刺激で興奮すると男は思いこむのだ。だが性の道具扱いされたり、ありもしないイメージを勝手に作られては、女はいい迷惑だ。

ある調査では、一八〜二三歳の男性の半数は、自分のセックスライフが映画やテレビ、雑誌にくらべると充実していないと答えている。女性のほうは、メディアの描写と同じか、それ以上に充実していると答えた人が六二パーセントだった。男はメディアが作ったイメージに左右されやすいようだ。

セックス狂の女は存在するか

太陽系外からやってきたエイリアンが、地球に出回っている男性誌、女性誌、本、映画などを見たら、人間の女はセックス大好きで、何度オーガズムに達してもまだ求めつづける生きものと思うだろう。さらにポルノ写真を見れば、女の性欲はとどまるところを知らず、男を圧倒するという思いこみは確信に変わるにちがいない。それはマスメディアが現代の女に期待し、押しつけているイメージだ。現実には、そういうセックス狂の女は男が描く絵空事にすぎず、いたとしても女全体の一パーセントに満たない。

女の性欲に対するこの種の幻想は、私たちの親や祖父母の世代にはみじんも存在していなかった。振りまわされているのは、現代人だけである。それでも女たちは、メディアのイメージに合わない自分は異常で、不感症なのではないかと思いなやむ。裸になったとき、いまのきみがいちばんだと男に言われても、おいそれと信じられないのである。いっぽう男たちも、女は性欲がすごいと信じこんでいるから、思ったように女が応じてくれないと不満を覚え、怒りだしたりする。「五日間で何度でもイク女になる!」「男性をベッドで喜ばせる法」「タントラ・セックス――何時間でも続けられる奥義」「私は三年間で三〇〇人の男と寝た!」「彼をひと晩じゅう元気にしておく方法」といった見出しを見るかぎり、女の頭のなかはセックス一色ではないかとつい思ってしまう。

ウーマンリブは、セックスに対する女の態度を強くしたのであって、性欲まで強くしたわけじゃない。

女の性欲は何千年も前から変わっていない。変わったのは、そういう話題が大っぴらに口にできるようになったことだ。いまの女たちの母親、祖母も同じくらいの性欲を持っていたが、それを口に出せる雰囲気にはなかった。ピルが登場する前は、性的な不満はいまより高かったにちがいない。それでも、いまのマスメディアが騒ぎたてるほどではなかったはずだ。

明かりは消しますか?

ことセックスに関して、男は視覚的な動物だ。形、曲線、裸を見たがる。キンゼイリポートでも、セックスのとき明かりをつけておきたいと思う男は七六パーセントもいるが、女は三六パーセントしかいない。概して女は、よほどロマンチックだったり、きわどい場面でないかぎり、裸ということに刺激を覚えない。裸の女を見た男は、たちまち高ぶり、興奮するが、男の裸を見た女は、そのマヌケな姿に笑いだすのが落ちだ。

女が好むのは言葉と感覚である。明かりを暗くするか、目を閉じてしまうほうが、女の感覚器官にはしっくりくる。さらにやさしくなでられたり、思わせぶりにあちこち触れられたり、耳元に甘い言葉をささやかれたりしたら、火のつかない女はいないだろう。女性誌の見開きグラビアにはたまに男性ヌードが出たりするが、それは女も男の裸が好きなはずという男側の思いこみにすぎない。その手の雑誌はすぐに店頭から消えるが、確実に読者は増えている——ゲイの男が買うからだ。

女は部屋を暗くしてセックスするのが好き——
明るいと、ひとりだけ楽しんでる男が見えてしゃくだから。
男は明るい部屋でセックスしたがる——
女の名前をまちがえて呼ばないために。

女にポルノ写真を売りこむ努力はことごとく失敗に終わっているが、一九九〇年代の後半になると、男性セミヌードのカレンダーの売りあげが、女性ヌードのカレンダーを上回るようになってきた。男性ヌードカレンダーを買う客は、大きく三種類に分けられる——あこがれの映画スターやロックスターの写真を飾りたいティーンエイジの女の子、友人にジョークでプレゼントするための女、そしてゲイの男である。

あなたのフクロ、男性ホルモンは満タンかしら……

「いいことビル、六時にローバーを散歩に連れていってちょうだい。それから居間の電球が切れてるから交換してね。ローバーの犬小屋も直しておいて。それから……」

女が話すことを……

「ぐたぐたぐたぐた……セックス！……ぐたぐたぐたぐた」

「ごちゃごちゃ……ローバーってボクのこと！……ごちゃごちゃ」

男はこんな風に聞いている

第10章 結婚、愛、ロマンス

一夫一婦制、つまり男と女がひとりずつでペアを作る方式は、いつのまにか私たちの生活の基本になっている。ただし、男がお気に入りの女をひとりだけ、または能力に応じてそれ以上確保しつつ、外でほかの女と一回かぎりの性的関係を結ぶことも、社会のなかでは暗黙の了解だろう。

いまのような結婚形態は、ユダヤ教とキリスト教に端を発していて、そこには信者獲得という明快な目的があった。神の教えにしたがうという誓いのもとに、男と女をめあわせれば、二人のあいだに生まれた子どもは自動的に信者になるからだ。しかし人間のやることは、ややこしい儀式やら宣言やらがともないはじめると、たいてい不自然な方向に向かいはじめるのが常だ。小鳥が「結婚する」のに凝った儀式は必要ないし、ヒツジのように多婚性の動物が、一匹のメスと生涯をともにするという契約を結ぶこともない。もちろん、現代社会に結婚制度がそぐわないと言っているのではない。この本を書いている私たちも現に結婚している。とはいえ結婚制度の歴史や、人間の生態との関係を知っておいても損はない。

結婚は悪いことばかりじゃない。忠誠心、寛容、忍耐、自制などなど、独身のままなら知らなくていいことをたくさん学ぶことができる。

男にとって、結婚の利点とは何だろう？　進化という基本的な面で見ると、利点はない。

男は自分の種をなるべく広く、たくさん撒くのが務めだからだ。それでも男の大多数は結婚しているし、離婚した男も懲りずに再婚する。正式な結婚をしなくても、決まったパートナーと長年暮らしている男も多い。反対に本能のおもむくまま、相手をとっかえひっかえする男は、社会から白い目で見られる。

女は結婚の代償としてセックスし、男はセックスの代償として結婚する。

「結婚したいと思う理由は？」と男に聞いてみよう。心休まる温かな家庭がほしいとか、食事を作ってもらえる、服にアイロンを当ててもらえるといったことを、ぼそぼそ答えるにちがいない。要するに男は母親と召し使いがいっしょになった存在を求めているのだ。オーストリアの精神医学者ジークムント・フロイトによると、そういう男は結婚しても、母親と息子のような関係しか持てない。事実、妻はいちばんの親友だと明言できる男性は、全体の二割しかいない。男にとって親友になるべきは、同じ思考プロセスを共有できる男なのだ。もっとも、女に「あなたの親友は男性、それとも女性？」とたずねても、八六パーセントが女性と答えるだろう。脳の配線がいっしょだからだ。

教会のバージンロードを歩きながら、新郎は考える。これからはセックスがやりたい放題なんだな。だが、新婦も同じように思っているとはかぎらない。この種の期待が、結婚前に話題にのぼることはまずない。たしかに既婚男性は独身男性よりセックスの回数が多い。二五～五〇歳の既婚男性は週に平均三回セックスしているが、独身男性はその半分以下で、週に一回もしていない。一九九七年のオーストラリアでの調査だが、独身男性の二一パーセントはその年まだ一度もセックスしていなかった。既婚男性で同じ憂き目にあっているのは、たった三パーセントである。前にも述べたように、セックスは健康によい。

独身男や男やもめは早死にするという調査結果もある。

なぜ女は一夫一婦を望む？

いまや欧米社会では、結婚制度はほとんど意味を持たない。それでも女は結婚したがるし、九割以上の人は実際に結婚している。女が描く結婚像とは、ひとりの男に「特別な人」と見なされ、二人で生きていくことを世間に宣言することだ。自分が「特別」な存在だという感覚は、女の脳にめざましい作用をもたらす。その証拠に、結婚した女、結婚していなくても特定のパートナーがいる女がオーガズムに達する割合は、そうでない女のそれぞれ四〜五倍、二〜三倍も高い。

古い世代の人たちが感じているように、若者たちは結婚制度なんて時代遅れだと思っているのだろうか？　一八〜二三歳の大学生二三四四人（男女が同数ずつ）を対象にした一九九八年の調査を見ると、どうもそうではなさそうだ。いずれ結婚したいと答えた人が、女で八四パーセント、男でも七〇パーセントいた。結婚が時代遅れだと答えたのは、男で五パーセント、女は二パーセントしかいなかった。

別の調査では、性別に関係なく回答者の九二パーセントは、性的関係より友情が大切だと考えていた。ひとりの相手と一生連れそうという考えについても、女の八六パーセント、男の七五パーセントが賛成していた。また親世代の男女関係より、いまのほうが良いと答えた人は三五パーセント程度である。

また女にとって裏切りはゆゆしき問題らしく、三〇歳未満の回答者の四四パーセントは、男が浮気したら別れると答えている。もっともこの割合は、回答者の年代が三〇歳代になると三二パーセントになる。年齢が上がるにつれてこの数字はどんどん下がり、四〇歳代で二八パーセント、六〇歳代では一一パーセントしかない。つまり若い女ほど、一対一の誠実な関係を重視しており、よそ見をする男に厳しいということだ。

男には、女のこういう考えかたがまったく理解できない。男はセックスと愛情を分離できるので、たまに火遊びしたぐらいでパートナーとの関係は揺らがないと思っている。だが女の脳では、セックスと愛は表裏一体なのだ。男がほかの女とセックスをしたが最後、裏切りと見なして男との関係に終止符を打とうとする。

こんなに失敗する人が多いのに、なぜ私たちは懲りることなく結婚するのだろう？ ひとりで生きていくもよし、家族や友人と同居するもよし、恋人といっしょに暮らしてもよいはずなのに。その疑問の答えは二つある。ひとつは、満ちたりた結婚生活を続けることが、健康で幸福な子どもを育てるいちばん確実な方法だから。そしてもうひとつは、結婚がもたらしてくれる癒しの効果だ。目が回るスピードで進む日常生活のなかで、結婚生活は嵐のなかの避難港のような役割を果たしてくれる。結婚生活が営まれるところは「家」であり「家庭」でもある。そこはストレスから逃れて休息を取り、英気を養える場所なのだ。

なぜ男は深入りしたがらないのか

結婚している男、あるいはひとりの女と長年付きあっている男は、独身男性をうらやんでいる。フリーの男たちは、パーティで羽目をはずし、後くされのないお付きあいを楽しみ、一糸まとわぬスーパーモデルとジャクージでじゃれあっているのではないか……そんな情景が脳裏をよぎって、心中穏やかでないのだ。貴重なチャンスが目の前を通りすぎ、置いてけぼりになった気がしてしかたない。だが自分が独身だったとき、そういうおいしい機会は一度もなかったはずだ。缶詰のベイクドビーンズを冷たいまま食べ、パーティで友人たちの目の前で女から肘鉄を食らい、長いあいだセックスできなくてうっぷんがたまっていたことなど、すっかり忘れている。男たちにとって、決まった相手を持ってしまうことは、すなわち現役引退なのだ。

男は理想のパートナーを探しつづける。
しかし結局はむだに年をとるだけ。

脳と愛情

二〇〇〇年六月、ロンドンにあるユニバーシティ・カレッジのセミール・ゼキ教授とアンドリュー・バーテラは、過去六カ月から一二カ月以内に恋に落ちて、「いま相手に夢中になっている」状態の女性一一人、男性六人を対象に実験を行なった。被験者には、恋人の写真と同性の友人の写真を交互に見せて、そのときの脳の状態をスキャンする。すると恋人の写真を見たときは、脳の四つの領域が活発になることがわかった。そのうち二つは、脳のなかでも高度に発達した部分、すなわち大脳皮質にある島葉中間部と帯状回前皮質だ。前者は恋をしたときのいわゆる「胸騒ぎ」を作りだし、後者は陶酔感と関係があることで知られている。残り二つの領域は、脳の奥深く、原始的な大脳基底核にあった。ここは、見返りや報酬があるかどうかを判断したり、薬物などの中毒に関わるところだった。

この研究からわかるように、恋をすると薬物も顔負けの陶酔感が得られ、決して気持ちが落ちこむことはない。

ニュージャージー州にあるラトガーズ大学の人類学者、ヘレン・フィッシャー博士は、愛のありかを突きとめるべく、脳のスキャン技術を駆使して研究を続けている。博士の研究はまだ予備的な段階だが、それでも脳に三種類の情動があることがわかった——肉欲、心酔、愛着である。誰かに心が惹かれ、その人を好きになると、この三つの情動が脳のなかで独自の働きをはじめる。愛を構成するこれら三要素が発達したのは、生殖を確実に行ない、子孫を増やすためだ。そのため受精が完了すると、システムが機能しなくなって、愛も停止してしまう。

最初に出現する肉欲は、あくまで肉体的に惹かれることであって、言葉はまったく関わりを持たない。次の心酔とは、「その人のことがふと頭に浮かんだが最後、忘れられなくなる状態だ。意識するのは相手の良いところばかりで、悪いところは目に入らなくなる」とフィッシャー博士は説明する。

パートナー候補者と絆を深めることが、心酔の目的である。この感情はとても強く、たとえようもない幸福な気持ちをもたらしてくれる。だが相手に拒絶されると、気持ちの強さが災いしてやけくそになったり、妄想にとりつかれたりする。へたをすると、殺人事件にまで発展しかねない。心酔が起こっているとき、脳にはいくつかの化学物質が分泌されて、高揚感を作りだしている。満たされた感じをもたらすのはドーパミン、興奮レベルを上げるのはフェニルエチルアミン、情緒を安定させるのはセロトニン、達成感を呼ぶのがノルアドレナリンだ。ふつうなら心酔状態は長続きせず、三カ月〜一年ぐらいたったところで、「これこそ愛だ」という思いにとってかわる。これは、男と女の関係を定着させ、子孫を増やすための自然のトリックだ。だがどんなに深く愛しあっていても、性欲までぴったり一致するわけではない。最初のうちは、ウサギ並みに暇さえあればセックスしているから、性欲のずれが見えないだけだ。そのちがいが見えてくるのは、心酔のステージが終わり、愛着に進んでからである。

心酔――それは男と女をつなぎとめ、生殖させるための自然のトリック。

心酔からさめて現実に戻ってきたとき、道は二つに分かれる。どちらかが相手を嫌いになるか、第三ステージである愛着に進むか。後者の場合は、子育てという長期にわたる協力関係に変化していく。この先研究が進み、また脳のスキャン技術も発達すれば、いずれ男女の脳のどこで愛や感情が生まれるかも突きとめられるとフィッシャー博士は言う。この三つの段階を知っておけば、心酔のステージがもたらす副作用に備えながら、うまく乗りきることができる。

愛の泥沼――男ははまり、女はぬけだす

愛は人をまどわせると言うが、男にかぎって言うならそれは真実である。テストステロンでたちまち燃えあがった男は、いとも簡単に肉欲ステージに駆けあがる。心酔ステージに移っても、テストステロンの炎はまだ燃えさかっているので、上下左右もわからない状態だ。それだけに、現実に戻ったときの落差も大きい。ゆうべあんなにすてきだと思った女でも、朝日がのぼると魅力のかけらも感じなくなるし、バカにさえ見えてくる。ところが女の場合、感情と理性の連絡がうまくとれているので、テストステロンにけしかけられても、おいそれと自制心を失わない――相手の男が自分にぴったりかどう

か、冷静に評価できる。女が別れを切りだし、男が何のことやらわからないまま取り残される図式が多いのは、そのためだ。

女は男を捨てるときでも、手ひどいことはしない。

別れのときにもにっこりと笑顔を作ったり、

いつまでも愛してるなどと手紙の最後に書いたりする。

男は「愛している」がなぜ言えないか

「愛してるわ」。女がこのひと言を口にするのはいともたやすい。女の脳のなかでは、感覚、感情、コミュニケーション、言葉がうまく融合している。だから心が温かくなったとき、自分が求められている、賛美されていると感じたとき、また愛着のステージにいるときは、相手を愛しているという確信が持てる。しかし男には、愛とはどういうものかいまひとつわからない。肉欲と心酔も混同しがちだ。でも彼女を手放したくない……これって、愛なのだろうか？

男はテストステロンのせいで冷静さを失っているし、ムスコもしょっちゅう元気になるしで、まともな思考ができない。あれが愛だったとわかるのは何年もたって、もう関係が終わってからということも珍しくないのだ。女のほうは愛がなくなるとすぐわかる。

だから男女が別れるときは、女が男を捨てるパターンが多い。
たいていの男は女と深く関わることを極度に恐れる。「愛してる」などと口走ろうものなら、一生束縛されることまちがいなしで、スーパーモデルとジャクージを楽しむ夢が消えてしまう。しかしひとたび一線を越えたら、いつでもどこでも、誰にでも「愛してる」を連発する。彼の口から「愛してる」と言われると、女はオーガズムに達しやすくなることに、男は気づいていない。

愛が消えたとき、まっさきに気づくのは女だ。
だから関係に終止符を打つのも女のほうが積極的。

男は愛とセックスを区別する

幸せな結婚生活を送っている女はまず浮気をしないが、男のほうはふらふらとよそ見ばかりする。情事をはじめるのは男だが、終わらせるのは女だ。浮気相手との関係は永遠に続くものではなく、しょせんは肉体的な快楽が目的だとわかると、女は「いち抜けた」と切りすてる。いっぽう男の脳はもともと区分けがはっきりしているので、愛とセックスを切りはなすことも簡単だし、なにしろ一度にひとつのことしかできない。快楽一辺倒の関係でも、とりあえずは大満足なのだ。

脳のなかで愛が生まれるのはどの場所なのか、まだ正確にはわかっていない。ただ女の脳は、愛の中枢とセックスの中枢（視床下部）の連絡が充実していて、しかも最初に愛の中枢が活発にならないとセックス中枢もめざめないようになっている。男にはそういう中枢どうしの連絡はないらしく、愛とセックスを別個のものと割りきることができる。男にとっては愛は愛、セックスはセックスでしかない。ただ両者がたまたま同時に発生することもある。

男の浮気がばれたとき、女がまず投げつける質問はこうだ。「その女を愛してるの？」「まさか、ただの遊びだよ——愛してるわけないだろう」という男の答えは、おそらく真実だ。セックスと愛を分けてとらえられるのだから。しかし女が聞いて、とうてい納得できる答えではない。セックスすなわち愛である女にとって、あの女とは何でもないという主張をうのみにはできない。女には、男がほかの女と寝たこともさることながら、気持ちのうえで男とかわしていた約束が破られ、信頼が裏切られたことがショックなのだ。女が浮気相手のことを、あの人とは何でもないと言ったなら、それは嘘だ。女は一線を越えてセックスに踏みきった時点で、すでにその男と心を通わせている。

女にとって、セックスと愛は分かちがたく結びついている。

女はメイクラブ、男はただのセックス

女にとっては愛の営みかもしれないが、男にとっては一発やる、それだけだ。男はセックスをただ「セックス」と呼んではばからないが、女はセックスという言葉に眉をひそめ、それは「メイクラブ」だと言いたがる。要は愛されているという実感があり、愛情が満ちていないとセックスする気になれないということだ。愛も動機もない短絡的な行為、それが女の解釈するセックスだ。

だが男が「セックス」と言うときは、欲望だけの行為のこともあるが、かならずしも相手の女を愛していないとはかぎらない。たとえ中身が「メイクラブ」でも、男はセックスという言いかたをしたがるだけだ。しかしそれが女には気にいらない。男にしてみれば、「メイクラブ」なんて言葉を使うのは嘘くさいし、女をだましているようにも思える。だってほんとうにセックスだけが目的のこともあるのだから。

反対に女が男に向かって、「あなた、あの女と寝たでしょう?」と問いつめるとき、もちろん「寝る」とはただ眠ることではない。女の口から次に出てくる言葉はこうだ。「よく好きでもない女と寝られるわね!」

このように男と女の感情は、まるで違う星の生き物かと思うくらいかけ離れている。だがそれは、ただ男に道徳心が欠けているからではない。私たちの感情を管理する大脳辺縁系というところは、二つの部分で成りたっている。より原始的で、性衝動や暴力に

関係する辺縁系側頭部と、思考や想像に結びついている帯状回だ。男の脳は辺縁系側頭部の活動が盛んなので、すぐに行動を起こしたがる。しかし女は、「象徴的な情緒反応」をつかさどる帯状回のほうが活発なのだ。これだけ言葉の定義がかけ離れていることを、男も女も理解して、相手の解釈をなじらないようにしよう。そうすれば二人の関係はもっとうまくいくはずだ。

愛あればこそ

セックスのとき、男の目に女はどう映っているのだろう。キンゼイ研究所によれば、それは男がどれくらい親密さを感じているかで変わってくる。つまり彼女にぞっこんなら、たとえお肉がぶよぶよでロースハムみたいな体型でも、男には魅力的に見えるし、どうでもいいと思っている相手なら、はっとするほどスタイルが良くても評価は低くなる。脚の太い細いは関係ない。というより、好きな相手ならどんな太さでも完璧に見えるのだ。

最初のうちこそ外見の良し悪しが大きな部分を占めているものの、いつまでも相手を魅力的に感じるには、やはり充実したパートナーシップが不可欠ということだろう。ただし、女から見たときの男の魅力となると、話は別だ。バーで行なわれたおもしろい調査を紹介しよう。シングルの男女が異性を評価する点数を、時間を追って調べたものだ。

午後七時、ある女性は男性たちから一〇点満点で五点の評価を受けた。ところが時間がたち、酔いが進むにつれて、彼女の評価は午後一〇時半には七点に、午前〇時には八・五点へと上昇していった。いっぽう午後七時に女性たちから五点をつけられた男性は、真夜中になっても点数は変わらなかった。

午後七時の段階で五点しかもらえなかった男は、真夜中になっても五点のまま。

評価する女性たちがいくらお酒を飲んでも、男の魅力は変わらないどころか、場合によっては下がることもあった。女たちは最初から最後まで、パートナーとしての適性を外見ではなく性格で判断しているのだ。これに対して男のほうは、精子を放出させてくれる可能性しだいで、女の魅力が相対的に変わってくる。

両極端は惹かれあう?

価値観や興味、ものごとへの態度や認識のしかたが似通っていると、おたがいに魅力を感じて、すぐに「うまが合う」という研究結果が一九六二年に発表された。その後の調査でも、似た者どうしは関係が長続きしやすいことがわかっている。

だが何から何まで同じでは、いかにも退屈だ。相手に関心を抱き、欠点を補いあえる程度にはちがいがあったほうがいい。物静かな男には外交的な女が、心配性の女には細かいことを気にしない男がちょうどいいのだ。

両極端な外見も惹かれあう？

人間は、自分にない特徴を持つ相手に心惹かれる。男の身体のなかで、ごつごつしていてひらべったい部分は、女はなだらかでやわらかい。男が好むのは、お尻が大きく、ウエストが細く、脚がすらりとして、胸が豊かにふくらんでいる女だ。どれも男がいくら望んでも手に入らない特徴である。あごが細く、鼻が小さくまとまっていて、お腹の出ていない女がもてるのも、男と正反対であるがゆえだろう。

女だって自分にないものを男に求める。広い肩幅、引きしまったお尻、たくましい腕と脚、がっしりしたあご、高々とした鼻といったところだ。だがこうした好みには興味深い例外もある。アルコールをたしなまない男ほど小さい胸の女を好み、巨乳の女は鼻の小さい男が好きで、鼻の大きい男はペチャパイの女に惹かれるというのである。外交的な男は大きい胸の女が好きという調査もある。

ヒップとウエストの比率

男性が好む女性像は、時代とともに変化する。一六世紀には豊満なモデルにあこがれていた男たちが、現代ではアスパラガスみたいにやせこけたスーパーモデルに熱をあげる。ただひとつ、いつの時代も変わることなく男の目を惹きつけるのは、女のヒップとウエストの比率である。ウエストとヒップの比率が七対一〇ぐらいが、最も健康的であり、子どもをたくさん産める。ケンブリッジ大学のデベンドラ・シン博士が、いろいろな国の男性を調べたところ、男の脳には、こうした情報がいつのまにか組みこまれているらしく、無意識のうちにヒップとウエストの割合を読みとろうとするそうだ。

女性に朗報。
ウエストサイズがヒップの六七〜八〇パーセントの範囲内なら、
標準体重を五キロや一〇キロ超えていても充分に男はそそられる。
大事なのは重さより曲線だ。

ついでながらそういう女は、ユーモラスでセクシー、健康的で知的という印象を男に与える。いっぽうウエストが太めの女は、思いやりがあって誠実というイメージを持たれるし、やせぎすの女は野心があって攻撃的という印象になる。
女から見て理想的な男の体型は、肩幅が広く、腰が引きしまり、力強い腕をしたいわゆる逆三角形だろう。こうした特徴はもともと、優れた狩猟者の条件だった。よく発達したあご、存在感のある鼻と眉毛が女にとって魅力なのは、正面から襲われてもびくともせず、生存する可能性が高いと思わせるからだ。世の女たちは、小さくまとまったお尻の男を好むが、その理由はわかっていない。とはいえ私たち人間も、お尻を突きだして歩く霊長類であることに変わりない。そうしないと直立歩行ができないからだが、男にかぎって言えば、お尻が出ていることは、セックスのときによく腰が使えて、ちゃんと女を妊娠させられるというしるしでもある。

男とロマンス

男は女に甘い言葉をささやくのがいやかというと、そうではない。女にとってロマンスがどれほど重要か、わかっていないだけである。女たちがロマンスにどんなに興味を持っているかは、ハーレクインロマンスのような読みものが毎年何百万部も売れることからもわかる。女性誌を開いても、芸能人の恋愛話はもちろん、恋をするためのエクササイズ、ダイエット、着こなし情報が満載だ。オーストラリアの調査では、ロマンス小説を読む女のセックス頻度は、読まない女の二倍だという。いっぽう男が読むのは、コンピュータや機械といった空間能力系のマニュアル本や、釣りやサッカーなど狩猟者としての本能を刺激するものばかりだ。

ロマンスに関して、男が途方に暮れるのも無理はない。過去にお手本がなかったからだ。父親の世代の男たちは、ロマンスには無縁だった。ある会議の席で、ひとりの女性がこう言った。もっと愛情を示してほしいと夫に頼んだら、洗車とワックスがけをしてくれたというのだ。このエピソードからわかるように、「何かをする」ことが男一流の愛情表現なのである。この夫は、彼女の誕生日に車のジャッキを買い、結婚一〇周年のお祝いにはプロレスの試合を最前列で見せてくれたとか。

女はロマンチックな生きものだということを、ゆめゆめ忘れてはならない。女はワインと花束とチョコレートに弱いのだ。

なぜかヨーロッパの男はロマンスの名手と思われている。評判だけがひとり歩きしている感がなきにしもあらずで、たいていの国の男はロマンスのロの字もわかっていない。過去の世代の男たちは、家族を食べさせるので手いっぱいで、ロマンスなどというこじゃれたことを考える余裕はなかった。それに男の脳は美的なものより、機械的な考えをするのに向いている。むろん男も努力していないわけではない。ただ、車のドアを開けてやったり、花を贈ったり、ダンスをしたり、女のために料理を作ったり、トイレットペーパーを交換したりという行為が、どれほど重要かわかっていないだけだ。女は男とまったく逆で、男と付きあうのはロマンスと愛を求めているからだ。セックスはその結果としてついてくるものだ。男はまずセックスから入り、そのあとで相手とどうするか可能性を探ることが、往々にしてある。

男のためのロマンス達人講座

1雰囲気作り

女は周辺環境に敏感で、しかも外からの刺激に反応しやすい。だとすれば、雰囲気作りを心がけるのは当然のことだろう。照明をほの暗くすれば瞳孔が開くので、相手が魅力的に見えるし、肌のしみやしわも目立たなくなる。女は聴覚も優れているから、ムードたっぷりの音楽も欠かせない。子どもや他人がいつやってくるかもしれない場所ではなく、誰にもじゃまされる心配のない、こざっぱりとした部屋を用意しよう。女はひそやかなセックスを好む。だからこそ、人前でことにおよぶ幻想を胸に秘めているのだが。男はというと、行きずりの女とセックスするのがひそかな夢だ。

2食べさせる

家族のために食べ物をとってくるのが、男のそもそもの役目だった。その本能を引きついでいるいまの男は、食べ物を与えることで、女としての根源に働きかけようとする。たとえ空腹でなくても女を食事に連れていくことは、彼女の生存と幸福を気づかう行為にほかならないのだ。女のために料理を作るのは、男にとっても女にとっても、奥深く眠る原始的な感覚をよみがえらせる有効な方法だ。

3　火をたく

たきぎを集めて火を燃やす。それは女の身体を暖め、守ってやるために昔から男がしてきたことだ。それゆえ女のロマンスごころを大いに刺激する。つまみひとつで点火できるガスの炎だとしても、女に代わって男がやるだけで雰囲気が出る。火をつけるという行為よりも、女の求めるものを満たしてやることに意味がある。

4　花を贈る

花束の威力を男は理解していない。「どうせ一週間もすれば枯れてしまうのに、高い金なんか出せるか」と考えてしまうのだ。そういう論理的な脳には、鉢植えのほうがよほど納得がいく。きちんと世話をすれば長もちするし、お得だというわけだ。だが残念ながら、女はその考えに同意しない。たしかに切り花は数日もすれば枯れて捨ててしまうが、それなら男に次の花束を持ってきてもらえばいい。女には、願望をかなえてもらいたいというロマンチックな欲求があるのだ。

5　踊りに行く

男だってダンスが嫌いなわけではない。ただ右脳の作りのせいで、リズムをうまく感じることができないのだ。エアロビクス教室で、男（とおぼしき）の参加者を見ればよくわかるだろう。でも、ワルツの基本ぐらいはたしなんでからパーティに行けば、女性の人気をひとりじめできること請けあいだ。ダンスは、男と女の身体を触れあわせる格好の理由を提供し、欲望をさりげなくオブラートにくるんで、次の段階に発展させる洗練された手段だ。その証拠にほかの動物だって、求愛のダンスを踊っている。

6チョコレートとシャンパンを買う

昔からこの二品はロマンスにつきものだったが、その理由を知っている人は少ない。アルコール飲料のなかで、テストステロンの分泌を高める成分が入っているのはシャンパンだけだし、チョコレートに含まれるフェニルエチルアミンは、女の脳を刺激して愛情を活発にする。サンディエゴにある神経科学研究所のダニエル・ピオメラは最近行なった研究で、N—アシルエタノールアミンという物質を発見した。これが女の脳にある恍惚受容体にはまると、マリファナをやったときと同じ陶酔状態が起こるという。この化学物質はチョコレートとココアには含まれているが、ホワイトチョコレートやコーヒーにはない。

男がセックスしたがっているかどうかは、何でわかる?

息さえしていればいつでもOK。

釣った魚に餌はやらない？

「結婚前は人前でも手を握ったり、背中にそっと触れたり、しきりに話しかけてくれたのに。いまじゃ手も握らないし、話もしてくれない――触ってくるのはセックスしたいときだけ」

男が結婚に踏みきるとき、相手について知りたいことはすべて知っている。だからそれ以上よけいな話はしたくない。

男が女の身体にいちばん触るのは、くどきにかかっているときだ。ほんとうは「やりたくて」たまらないのだが、セックスに進んでいいという青信号はまだ点灯していないので、代わりに無難なところを触りまくる。だがOKサインさえ出てしまえば、すっかり核心部分に気持ちは向かい、いまさら逆戻りするつもりは毛頭ない。おしゃべりにしても、相手のデータを集め、自分のことを知ってもらうのが目的だ。結婚するころには、知りたいことはすべてわかっているから、よけいな話をしなくなる。女の脳はおしゃべりでコミュニケーションをはかるようにプログラミングされており、触れられたときの感受性が男の一〇倍も敏感だということを、男は心しておくべきだ。

男と愛撫

オキシトシンというホルモンは「抱きしめホルモン」の別名があるように、やさしくなでられたり、抱きしめられたときに分泌される。触れあいや絆の感覚を増大させたいがために、女は赤ん坊や男に近づく。女が赤ん坊を抱きあげると、オキシトシンの働きで身体のよけいな力が抜け、乳が出る。

男を喜ばせようと思うと、女は自分がされたいことをする。髪をかきわけたり、顔に触れたり、頭皮に軽くつめを立てたり、背中をなでたり。だがこの種の愛撫は男に効果がないどころか、かえってうっとうしがられたりする。男の皮膚は、狩りのときけがをしてもあまり痛みを感じなくてもすむように、かなり鈍感になっている。男が触れてもらいたいところはだいたい一カ所で、そこだけを何度も攻められると満足する。この行きちがいが、男女間の摩擦を生んでいる。男は女を喜ばせようとして、自分が触りたいところ、つまり乳房と脚の付け根ばかりまさぐるのだ。これは女がいやがることの最たるものだ。皮膚の感じかた、官能を呼びおこす触りかたが、男と女ではちがうことを知っておこう。

恋の季節

自然界のカレンダーでは、生まれた子が育ちやすいように、出産は一年の暖かい季節に行なうのが決まりである。たとえば妊娠期間が三カ月の動物では、夏に子どもが生まれるよう、オスは春に発情する。人間は妊娠期間がだいたい九カ月なので、出産シーズンから逆算すると、テストステロンの分泌が最高潮に達するのは秋だ。「男は春に恋をする」というのは、妊娠期間が三カ月程度の動物にしか当てはまらない言葉なのだ。

「春が恋の季節」なのは、子どもが三カ月で生まれる動物の話。

ちなみにテストステロンの分泌ピークには地域差があって、南半球では三月、北半球では九月になる。テストステロンは空間能力も向上させる働きがあるので、この時期の男は地図を読むことがいっそう得意になる、詳しくは第9章。

セクシー思考法

人間の精神は、化学物質が混ざりあい、反応してできたカクテルのようなものだから、自分で意識してセクシーな気分を作りだすこともできる。セックスセラピストがよくやる方法だが、まずパートナーの良い面にだけ目を向けて、その人とのセクシャルな体験を思いおこす。すると脳が反応して、性欲を高め、その気になるホルモンが分泌される。相手に心酔している段階、つまりくどいているときには、いとしい人のすてきな面しか目に入らないし、性欲は無制限だから、それだけ反応も激しくなる。反対にパートナーの気に入らない部分に神経を集中させれば、性欲関係のホルモン分泌が止まり、その気が起こらなくなる。

あのころをもう一度

考えかたしだいでセックスしたくなれるとすれば、知りあって恋におちたころ、つまり心酔のステージを意識的に呼びもどすこともできるはずだ。ろうそくをともしたディナー、浜辺の散歩、週末の遠出といったイベントによって、ホルモンがうまく分泌され、「ナチュラルハイ」状態が作られる。恋をしているときの天にものぼる心地は永遠に続かない。それを知ってがっかりした人も、いつでもあのときの気持ちをよみがえらせることができる。

愛の花、それはバラ。なぜなら三日もすれば花びらはみんな散って、あとにはとげとげしく醜いものが残るだけだから。

ぴったりの相手を見つける

愛は欲望からはじまる。だが強烈な衝動は数時間、長くても数日から数週間しか続かない。次に訪れる心酔の日々はだいたい三カ月から一年もすれば、愛着にとってかわる。「恋は盲目」状態を作りだすホルモンカクテルの分泌がおさまり、真っ昼間にあらためてパートナーを眺めてみると、それまでいとおしくてたまらなかったささいな癖が、神経に障りはじめる。男が冷蔵庫のバターを見つけられないのも、以前はかわいく思えたものだが、いまはいらついて叫びたくなる。それに、最初のころはどんなにくだらないおしゃべりも喜んで聞いてくれていたのに、いまでは殺人犯もびっくりの仏頂面だ。あなたは思わず自問する。「死ぬまでこういう生活を送るわけ？　あの人と私のあいだに、どんな共通点があるっていうの？」

その疑問は、ひょっとして図星かもしれない。自然界のねらいは、強力なホルモンカクテルで男と女を酔わせ、子どもを作らせることにある。相性まで見きわめる作業はそこに入っていない。ぴったりの相手を見つけるには、ホルモンカクテルに酔ってしまう前に、相手を判断しなくてはならない。心酔のステージが終わっても——ぜったい終わるのだが——共通の興味、あるいは友情を支えにして、ずっと手を携えて生きていけるか。そのためにあなたが相手に求める資質を、紙に書きだしてみよう。そうすれば理想像がはっきりしてくる。

しかし男も女もいざパーティに出ると、テストステロンが燃えあがってそれどころではなくなる。男のほうは、女の脚の形がいいとか、お腹がぺたんこ、お尻やオッパイがいかすといった、目先の生殖活動に必要な特徴ばかり目に入るのだ。女は女で、男のやさしさや神経の細やかさ、逆三角形の体型、性格の良さなど、子育てや食料の確保、家族の保護に役だつ面に気をとられる。だがそれらは子作りのための資質にすぎず、現代の男女が望ましい関係を築くには不充分だ。できれば、理想のパートナー条件リストをいつも持ち歩こう。新しい出会いがあったとき、ホルモンに理性や衝動を支配されることなく、客観的に判断を下す一助になるはずだ。

なるべくたくさん子孫を残そうとする人間の本能は、ホルモンという強力なドラッグを私たちに投与する。その仕組みを理解しておいて、生涯をともにするパートナー像をはっきり描いておけば、どこかにいる理想の人とかならずめぐりあえるにちがいない。

第11章　新しい未来へ

男は得だ。チュニジアの浜辺をトップレスで闊歩しても、石を投げつけられたりしない。ものをどこに置いたか忘れてもいいし、大口開けてバナナを食べても変な誤解を招かない。

女は得だ。着たい服は自分で買えるし、脚を組むときにもぞもぞと「位置」を微調整しなくてもいい。公衆の面前で男の横っ面をはたいても、悪いのは男だと思ってもらえる。

でもやっぱり、男のほうが得だ。キュウリやナスを堂々と買えるから。

男と女はちがう。どちらが良い悪いではなく、ただちがう。科学の世界では常識だが、差別嫌いの社会が全力でそれを否定にかかっている。男と女は等しく扱われるべきだという社会的、政治的な観点は、両者が同じであることを前提にしている。だがその前提には、まったく意味がない。

男と女、それぞれの本心は？

男のありかたは何世紀も前からあまり変わっていない。いまも八七パーセントの男は仕事が人生でいちばん大事だし、九九パーセントはセックスライフの充実を望んでいる。けれども現代の女が大事に思っていることは、母親や祖母の時代とかなりちがっている。現代を生きる女の多くが本格的に仕事をするのは、経済力、名声、権力など男の持っているものがほしいからだ。もっとも副作用のほうもしっかり引きうけているようで、キャリアウーマンは心臓障害、ガンにかかる率が高く、早死にしやすいという統計もある。酒とタバコをたしなむ女がこれほど多い時代は、過去に一度もなかったはずだ。イギリスではキャリアウーマンの三人にひとりがタバコを吸う。

キャリアウーマンの四四パーセントは、仕事が最大のストレス要因だと答えている。イギリスの民間保険会社ＢＵＰＡと美容・健康雑誌『トップサンテ』が五〇〇〇人の女性を対象に行なったアンケートでは、働きすぎて健康に悪影響が出ていると答えた人が六六パーセントにのぼった。また金銭的な問題さえなければ、専業主婦や無職でいたいという女性がほとんどで、仕事をすること自体に意味を見いだしていた人は二割に満たない。

オーストラリアでも、一八〜六五歳の女性を対象に同じような調査が実施されている。人生で大事なことを順番に答えてもらうアンケートでは、仕事を第一位に持ってきた人は五パーセントだけで、母親であること、という答えが断然多かった。回答者の年齢層を三一〜三九歳に狭めると、仕事を重視する人は二パーセントに落ちる。一八〜三〇歳の年齢層でも、やはり母親になることが第一位で、仕事は一八パーセントにすぎなかった。

回答者の八割は、昔ながらのやりかたで子どもを育てることがいちばん大事だと考えていた。つまりいくらメディアが騒ぎたて、フェミニストががんばっても、女たちの生きる姿勢はさほど変化していないということだ。現代女性といっても、その価値観は基本的に何世紀も前から変わっていないのである。大きく異なるのは、九三パーセントの女性が経済的自立を重視していること、六二パーセントが政治に力を発揮したいと考えていることだ——つまり男に頼りたくないということだろう。

私生活に話を移すと、セックスがいちばん大切と答えた女性はたった一パーセントだった。四五パーセントの女性は信頼、二二パーセントが尊重されることと答えた。セックスライフが申し分ないと思っているのは全体の二割にすぎず、六三パーセントはいまのパートナーに不満を持っていた。

要点をまとめるとこうなる。多くの女性は、母親として子どもを育てることが人生でいちばん重要であり、そこに満足感を覚えている。キャリアウーマンといえども、結局はお金のために働いているのであり、その大半は共働きしないと生活が成りたたない都市部に住んでいる。また、子どもの衣食と教育をまかなうために働くのは、子育てに専念するより尊いとも感じている。おおむね女は男より子育てを楽しんでいる。男がその喜びを実感するのはずいぶんあとで、孫が生まれておじいちゃんになってからだ。

職業選択の自由

男の選ぶ職業は昔からそれほど変わっておらず、空間能力をいかせる仕事が筆頭にあがってくる。これまで女の仕事とされていた領域に進出する男もないではないが、彼らは大なり小なり脳の配線が女的だという調査結果もある。美容師や創造芸術といった分野ではその傾向がはっきりしているが、カウンセリングや教職はかならずしもそのかぎりではない。

いっぽう女のほうには、多少の変化が起こっている。アメリカで仕事を持つ女性の八四パーセントは、情報産業、サービス業で働いているという。欧米だけを見ると、新しく興された会社の半分から三分の二はオーナーが女性であり、取締役といった経営側のポストに就いている女性も四割を超えている。

男社会の伝統が根強い職場で働く女には、二つにひとつの道しかない。転職するか、男になるかだ。

男中心の組織では、女が出世階段を昇りつめるのはかなりたいへんだし、女自身もそういう地位を望んでいない。政治の世界にしても、女性政治家はマスコミに登場する回数こそ多いものの、実際の数は全体の五パーセントに満たない。男社会の伝統が根強い職場では、女には二つにひとつの道しかない。さっさとやめて、平等に扱ってもらえる職を見つけるか、男みたいになることだ。男らしさはいまだに幅をきかせていて、服装だけをとっても、男っぽい格好をしたほうが管理職に選ばれやすい――選ぶのが女であってもだ。面接でも、男の面接官は香水をつけている求職者を採用したがらない。

ビジネスの世界に吹く女の風

これまで出世の階段を昇るには、男らしい特徴や価値観が求められていた。しかしいままでは、女らしい価値観を持たないと生きのこりが難しくなっている。

従来の組織はというと、男だけの階層構造ができあがっていて、カリスマ的な男の指導者が「オレについてこい。いやならやめろ！」という態度で牛耳っていた。だがいまや、そんな組織は過去の遺物になりつつあるし、脳まで筋肉でできているような体育会系も敬遠されている。組織のなかでその他大勢から抜けだすには、男が何を重視するかということを理解しておく必要がある。しかし万事を丸く収め、ものごとの調和を図りながら効率よく進めて、成功に持っていくには、女っぽい価値体系のほうが合っている。

組織の上のほうで男的な価値観が先行すると、かならず権力闘争がはじまる。周囲の賛成が得られないと、ひとりひとりが暴走するのだ。斬新な発想や、視点を変えたアプローチが発展につながりそうなときでも、男たちはわが身いちばんの戦いばかり繰りひろげる。そんなところに、自発的、直観的なアイデアが入る余地はない。組織が戦略的に動き、人材をうまく活用するためには、チームワークと相互協力を重んじる女的な価値観がはるかに適している。もちろん、男が女っぽくなったり、女が男まさりになる必要はなく、時と場合によって男的価値観、女的価値観を使いわけたほうがいいということだ。

男の子を育てるには

学校の成績がふるわない男の子には、女の子とは違った指導が必要だ。西欧諸国では、成績不振で退学になる生徒の八〇～九〇パーセントが男の子だ。また活動過多が問題になるのもほとんどが男子である。女の子は自分に合わない教科を勉強しなくなるだけだが、男の子は学校もやめてしまい、場合によっては非行に走る。コンピュータの授業では、女の子は電子メールの書きかたをすぐ覚えて、みんなとやりとりできるようになるのに対し、男の子はハッカーまがいのことをしたり、ポルノ画像を見つけることに血道をあげる。男の子がお手本にできるような、男性の役割モデルがいないのも問題だ。小学校レベルの指導者は女性が中心で、数少ない男性教師も、スーツとネクタイの代わりに、ウールのカーディガンをはおって教壇に立つ。

学校教育の現場では、競争よりも協力が大切だと教えるようになり、事実を学ぶよりも、世界中の苦しんでいる人びとに感情移入することを優先させている。ボス然とした教師も穏やかなまとめ役へと再教育されている——思いやりと分かちあいが大事で、厳しいしつけは二の次なのだ。そんな環境のなかでは、男の子は男らしさを誰からも学ぶことができない。これでは、何もない空間に放りだされたようなものだ。

男らしさを学ばせるには、男子校とか男子だけのクラスを設けるのもひとつの方法だ。もちろん、はめをはずした子を体罰で懲らしめる教育に逆戻りするのではない。男の子といえども、相手を尊重すること、他人と協力すること、寛容な気持ちを持つことを学ばなくてはならない。しかし同時に、権威や規律、競争といった役割モデルにじかに触れる経験も必要なのだ。教育の女性化によって、男の子は物腰のやわらかい従順な子と、決まりを守れずに学校を追いだされてしまう乱暴な子の二種類に分かれてしまった。

男の子にはお手本が必要

女の子は役割モデルに事欠かない。いまでもほとんどの女は、相手に温かく接し、コミュニケーションを何より大切にして、若い世代をはぐくもうとする。バーブラ・ストライサンドやヒラリー・クリントン、故ダイアナ妃、マドンナなど、自分をはっきり主張し、性的にも自律した新しい女たちもまた、子育てという古典的な女の役割を果たしている。鉄の女とうたわれたマーガレット・サッチャーでさえ、悲惨な事故で死者が出たときには女らしい一面をのぞかせた。

だがいまの男の子には役割モデルがいない。かつてはクラーク・ゲーブルやジェームズ・ディーンがそうだった。彼らは男本来の特徴をすべて備えているだけでなく、礼儀正しさやマナーのお手本でもあり、女性を大切にする態度、身体を張って家族や友人を守る姿勢を見せてくれた。いまならさしずめ、シルベスター・スタローンだったり、アーノルド・シュワルツェネッガーだったりするのだろうか。だが彼らの演じるキャラクターは、問題を解決するためなら暴力をいとわないし、容赦なく破壊を繰りかえす。あとはヒュー・グラントのように、女々しい行動の役割モデルぐらいしかいない。小学校の教諭は五人中四人まで女であり、シングルマザーに育てられる男の子も増えている。女のためにドアを開けてやるといった伝統的な振る舞いさえも、へたをすると男女差別と言われたり、女を挑発しているのかと食ってかかられる始末だ。

スポーツ界のヒーロー

年上の男に役割モデルを期待できなくなった男の子たちは、新しいお手本を見つけだした――スポーツ界のヒーローだ。二〇〇年近く前から、スポーツには二つの目的があった。まず、若い男たちにテストステロンを発散させる。これは社会全体にとってありがたいことでもある。もうひとつは、社会でやっていくための技能や価値観を若者に身につけさせること。倫理観や公正さへの感覚、チームプレーヤーの意識、個人やチームの目標を達成しようとする姿勢は、スポーツを通じて若い世代に受けつがれていった。プレーヤーはつねに仲間のことに気を配り、相手を尊重しなければならない。ゲームの勝敗よりも、人間を優先させるのが当然の態度だった。

ところが一九八〇年代から、スポーツに金銭が入りこんでくるようになった。一流プレーヤーは、球を打ったり蹴ったり、あるいは的を狙ったりといった空間能力を発揮することで、驚くような高額報酬を手にする。そしてたいていのスポーツでは、選手よりも勝敗が優先されるようになった。いまや競技場では、エゴ、暴力、攻撃性、侮辱、激怒が渦巻いている。かつてスポーツが人格形成の手段であり、選手の幸福を最優先にできたのも、金銭がからんでいなかったからだ。いま選手たちはプレーしながらもみくちゃにされ、骨を折られ、半死半生のような状態で競技場に打ちすてられる。それでいろんな人が金を儲けているのだ。試合後のクラブやホテルでは、そんなプレーヤーたちの行状をまねて、酒を飲んでへべれけに酔い、相手のことなどお構いなく狼藉を働く若者たちの姿が見られる。審判への攻撃はおろか、対戦相手の耳をかみちぎる行為にさえ、一部のファンは大喜びするありさまだ。

熱狂的なスポーツファンの多い国では、プレーヤーたちが好ましからぬ役割モデルになっている。無名選手が一夜明けると神さまのように崇められる風潮は、感受性の強い若者たちに、底の浅い浮ついたメッセージばかり刷りこんでいる。

有名選手たちは、自分にまつわるありとあらゆるものを商品化し、それを売りまくる。そんな彼らを見て、とくに若い男の子たちは、個人の価値は運動能力で決まると思いこむだろう。

スポーツヒーローへの熱狂は、ヨーロッパではそれほどでもない。気候が寒冷なヨーロッパでは、室内での活動や文化的な営みが盛んだからだ。そのためヨーロッパでは、マイケル・ジョーダンやデビッド・ベッカムと同じくらい、作曲家のベートーベンもよく知られている。

政治的な正しさ

私たちは、先進六カ国から集まった会議参加者のべ一万人以上を対象に、政治的な正しさを追求する風潮についてアンケートを実施した。すると男性の九八パーセント、女性の九四パーセントが、政治的な正しさは抑圧的な概念であり、言葉狩りにあっているようで自由にものが言えないと感じていた。

性別に関する政治的な正しさというのは、性差別的な態度や言葉づかい、男女の不平等をあらためて、女に等しく機会を提供するのがねらいだった。女は男に抑えつけられているというのが、その前提としてある。しかしアンケート結果からもわかるように、政治的な正しさの概念は多数の支持を受けていない。はたしてうまくいくのだろうか？　科学の答えはノーである。男と女は一〇〇万年かけていまの姿に進化してきた。「政治的に正しい」状況に見あった姿に変わるには、あと一〇〇万年かかるだろう。いま人類が抱えている最大の問題は、いくら高邁な理想や概念を掲げても、しょせん一〇〇万年先の話でしかないということだ。

人間は変われるか？

男の子はもので遊びたがるし、女の子は人と交わるのが好きだ。男の子は何かを制御し、支配し、上に昇りつめるのが好きだし、女の子は道徳や関係性、人間のことに興味を抱く。

大企業や政界ではいまだに女性は少数派だが、それは男が排除しているからではない。女がそういうことに関心を持たないだけだ。

いくら平等を心がけても、やっぱり男の子は機械関係や空間能力をいかせる仕事を選ぶし、女の子は人と接する職業に就きたがる。

イスラエルの農業共同体キブツでは、子どもを育てるとき、性別による決めつけをしない努力を九〇年前から続けてきた。子どもの服や靴、髪型、生活のしかたは、男女どちら寄りでもない一定の形に統一されている。男の子も人形遊びをするし、裁縫、編み物、料理、掃除をしなければならない。女の子もサッカーや木登り、ダーツをする。男女をそれぞれの型にはめることなく、共同体のなかで等しく責任を負い、等しく機会を与えるのがキブツの理想である。「男の子なんだから泣かないの」「女の子が泥遊びなんかしちゃいけません」という言いかたは排除された。こうすれば、男女の役割を完全に入れかえることができるというのがキブツの考えかただった。

その結果はどうだろう？ キブツで育てられたとはいえ、男の子はやっぱりやんちゃでおとなの言うことを聞かず、グループを作って対立し、そのなかでもけんかを繰りかえしている。不文律の上下関係ができていて、「取引」を行なっている。かたや女の子はたがいに協力しあい、衝突を避け、友達をたくさん作って、みんなで仲良くいろんなものを共有している。大学の専攻科目も自由に選ばせると、男の子は物理や工学、スポーツを、女の子は教職、カウンセラー、看護、人事管理と、それぞれの脳の配線に適した職業に進んでいる。

子どもを実の母親から引きはなし、男女の区別なく育てたとしても、性別の差や好みのちがいが消えるわけではない。むしろ親に捨てられた傷が残って、ゆがんだおとなに成長するのではないだろうか。

そして最後に……

男と女はこんなにかけ離れているにもかかわらず、その関係はうまくいっている。それは人間関係を円滑にして、家族をまとめあげる能力を持つ女に負うところが大きい。言葉やしぐさの陰にひそむ意味や動機を察して、いち早く結果を予測し、問題が表面化する前に対策をとれるのは、女である。もし各国の指導者が女なら、それだけで世界は平和になるはずだ。

男は獲物を追いかけて打ちたおし、どんなに遠くても家までの道を見つけだし、たき火を眺め、女をはらませる――それが仕事だ。しかし現代社会では、女のように生きる新しい方法を男も模索する必要がある。

男と女はもともとの作りがちがっている。この事実を認めようとせず、勝手な期待を相手に押しつけると、男女関係は暗礁にのりあげる。人間関係で降りかかるストレスのほとんどは、男と女はまったく同じで、同じような欲望や衝動を持ち、大事に思っていることも同じだというまちがった認識が原因になっている。

いまの社会では、子どもを性の区別なく育て、男女はまったく同じだと教えている。こういう教育は、長い人類の歴史でも過去に例がない。異性とのちがいに気づくのは、おとなになって結婚した翌朝である。これでは、人間関係や結婚生活が破綻するのも当然だろう。男女を同じものと見なす考えかたには、危険がいっぱいだ。脳の配線が異なる男と女に、画一的な行動を押しつけているのだから。同じ人間なのに、どうして男と女でこんなにちがってしまったのか、自然の采配を不思議に思わないでもない。ただ私たち本来の生態が、いまの環境にそぐわなくなっているのは確かだ。

それでも悲観することはない。なぜこうなったのかという理由さえわかっておけば、自分とちがう相手とうまく共存し、価値を認め、むしろ大切に思えてくるはずだ。

男は力と達成とセックスを求め、女は関係と安定と愛を求める。この事実に腹を立てるのは、雨が降ったとき空をなじるようなものだ。雨は降るものだと認めてしまい、傘なりレインコートなりを用意すれば、天候も気にならないだろう。それと同じで、男と女ももともとちがうのだから、ぶつかったり摩擦が起きるのも当然だと覚悟すればいい。

脳のスキャン技術が発達したおかげで、脳の働きについて新しい事実、衝撃の秘密がどんどん明らかになっている。拒食症の女の子が、鏡に映った自分の姿をデブで醜いと思うのは、脳が現実を歪曲してとらえているからだ。

一九九八年、ロンドンにあるグレートオーモンド・ストリート病院に勤務するブライアン・ラスク博士は、拒食症になっている一〇代の女の子の脳をスキャンしてみた。すると視覚を管理するところに血流が不足していることがわかった。こんなふうに、身体のいろいろなところにガタがきたとき、脳で何が起こっているか突きとめることも可能になっている。

胎児期に浴びるさまざまなホルモンが脳の構造を作り、ひいてはその後の性向も決める。科学の世界では、それを裏づける確かな証拠が続々と現れている。もちろん、男が人の話を聞かず、女が地図を読めないことは、何百万ドルもするスキャン装置をわざわざ買わなくてもわかる。

世紀も新しくなろうとしているのに、いまだに学校では男女の付きあいかたを教えてくれない。科学者にしても、迷路を走りまわるラットだとか、バナナをごほうびにしてサルに宙返りを覚えさせる研究をやりたがる。科学の世界は複雑だし、いろいろな事情がからんでくると、研究成果が社会に反映されるのに時間がかかる。

だからみなさんも、学校に頼らず自分で学んでいってほしい。幸せで満ちたりた関係を築く権利、それだけは男も女も等しく持っているのだから。

誠実で、隠しごとや裏切りのないお付きあいを希望してますの。
遊びの男性はお断りですわ！

◎訳者あとがき

『話を聞かない男、地図が読めない女』の単行本が出版されて、早いもので二年以上たった。この本の反響はすさまじいの一言で、男脳と女脳のちがいについては、マスコミでも数えきれないほど取りあげられた。縦列駐車がへたな女、歯を磨きながら拭き掃除のできない男、というわかりやすいイメージもすっかり浸透したようだ。最近のドラマやコマーシャルでは、車の助手席に座る女性は、地図をさかさまに持ってしかめ面をするのがお約束みたいになっている。

編集部に届く読者カードも年齢層が幅広く、切実なものからほほえましいものまで、いろいろな感想がぎっしり書かれていた。私自身、「この本を読めと妻に突きつけられた」とか、「職場のみんなで男脳・女脳テストをやって盛りあがった」、「男運の悪い友だちにこの本をプレゼントした」(これは解決になるのだろうか?)という話を小耳にはさんだ。なかにはちょっとエッチなエピソードもあったりしたが、ここに書くのは自粛する。

右脳と左脳の役割のちがい、脳の性差について説明する本はこれまでにもたくさん出ている。それでもこの本が読まれたのは、男脳と女脳の特徴を、誰もが思いあたる日常的な行動に結びつけてわかりやすく説明し、さらに「どうすればいいか」という指針まで与えてくれたからだろう。

ところで、アマゾン・コムなど海外のネット書店を見ればわかるとおり、この本には原書が何種類かある。日本語版と原書を読みくらべた読者からも問いあわせがあったので、ここで出版の経緯をかいつまんで説明しておこう。

筆者夫妻はオーストラリア人だが、この本は一九九九年三月にまずイギリスで出版された。このときはピーズ夫妻の会社「ピーズ・トレーニング・インターナショナル（P.I.T.）」がイギリスの出版社オライオンとの協力で出すという、どちらかというと自費出版に近い形だった。このイギリス版も刊行後に細かい修正が加えられているが、二〇〇〇年四月に日本で刊行された『話を聞かない男、地図が読めない女』は、あくまで初版のテキストをもとにしている。

この日本語版がたちまちベストセラーになったので、オライオンが版権を買いとって、全世界に向けて販売展開することになった。そこでピーズ夫妻は古いデータを差しかえ、最新の研究成果を随所に追加して、新たにインターナショナル版を作った。また男脳・女脳テストについても、結果がわかりやすくなるよう得点配分を変えた。こうしてできたインターナショナル版を翻訳したものが、今回の文庫版である。単行本をすでに買っている読者も、「しまった！　文庫になるのを待てばよかった！」とくやしがらなくてもいいのでご安心を。

しかし男と女のあいだに横たわる深い川は、この本一冊で語りつくせるほど単純なものではない。すでに筆者のピーズ夫妻は第二弾を書いており、日本でも来年はじめの刊行に向けて作業を進めている。「なぜ女は泣き虫で、どうして男は女に泣かれると弱いのか?」「女の敵は女──姑というもうひとりの女」「定年後の人生──なぜ男は濡れ落ち葉になるのか」など、またしても興味深いテーマが目白押しだ。こちらのほうも、ぜひお楽しみに。

藤井留美

二〇〇二年　八月

話を聞かない男、地図が読めない女

—男脳・女脳が「謎」を解く—

2002年11月1日　第1刷発行
2003年1月10日　第4刷発行

著　者　アラン・ピーズ／バーバラ・ピーズ
訳　者　藤井留美
発行者　村松邦彦
発行所　株式会社 主婦の友社
〒101-8911 東京都千代田区神田駿河台2-9
(編集)電話 03-5280-7537
(販売)電話 03-5280-7551
印刷所　中央精版印刷株式会社

ISBN4-07-235217-9